어제보다 아름다운
오늘을 살아라

나를 단단하게 만드는
하루 네 글자 필사 노트

어제보다 아름다운
오늘을 살아라

지은이 강은미

고사성어 180개, 고전의 지혜를 담다.
하루 한 문장 삶을 채우는 사유의 시간
고요한 생각이 나를 성장시켜 줄 것이다.

나비의 활주로

프롤로그

당신의 손끝에서 피어난 지혜, 그리고 쉼

많은 현대인들이 숨 가쁘게 살아간다. 세상이 빛의 속도로 변하고 있기 때문이다. 아침에 눈을 뜨는 순간부터 뉴스와 피드, 스마트폰 알림 등이 쉴 새 없이 밀려온다. 무엇보다 그 흐름을 따라가지 못하면 세상에 뒤쳐질까 두렵다. 그래서 머릿속은 늘 과부하 상태다. 정보는 넘치지만 사유의 힘은 얕아지고 클릭 한 번이면 모든 것이 손에 닿는다. 스스로 묻고, 스스로 판단하지 않으면 우리는 타인의 생각에 의존한 채 내면의 나침반을 잃게 될 것이다.

편리함 속에는 함정이 있다. 정보는 많지만 그 안에서 길을 잃는 사람도 많다. 걱정은 끊이지 않고, 불안은 마음을 잠식한다. 타인과 자신을 비교하며 열등감과 우월감을 오가는 사이, 무기력에 사로잡히는 번아웃을 경험하기도 한다. 단 한 번뿐인 인생을 이렇게 무한 직진하며 자신을 소진해가는 것이 옳은 일일까? 삶은 한 방향으로만 달리는 경주가 아니다. 조금 느려도 괜찮다. 내가 어디쯤 와 있는지 되돌아보는 용기도 필요하다.

체내에 있는 독소를 빼내서 정화하는 육체적 디톡스가 필요하듯, 우리의 마음과 내면에서도 늘 독소를 빼내는 정신적 디톡스의 과정이 함께해야 한다. 특히 디지털로 가득한 현시대에 가장 좋은 디톡스 방법 중 하나는 바로 홀로 있는 시간에 직접 손으로 쓰는 필사의 과정이라고 할 수 있다. 자판을 치듯 빠르게 쓰는 글이 아니라, 한 자 한 자 느리게 직접 손으로 쓰는 필사의 과정은 그 자체가 하나의 명상에 가깝다. 이로써 번잡함에서 벗어나 차분해지고, 자기 자신과 대화하고, 내면의 혼란함을 살펴보는 '마음 리셋'이 이루어지게 된다. 하루 한 구절, 작지만 꾸준한 반복이 '쉼 여유'와 홀로 있는 시간에 고요한 즐거움을 안겨줄 것이다.

프롤로그

자신을 세우는 하루 10분

고사성어는 2,000년이 넘는 시간의 역사를 견디고 오늘날까지 전해지는 옛 선인들의 지혜임이 틀림없다. 수많은 사람들의 삶에서 이미 검증되었으며, 또한 세대를 거치면서 전수되어 왔다. 아마도 인간 사회가 존재하는 이상, 이보다 더 단단하게 증명되어 온 빛나는 지혜도 그리 많지 않을 것이다. 따라서 고사성어를 필사하고 그 의미를 천천히 반추하는 일은 마음에 큰 울림을 준다. 짧은 문장을 음미하며 긍정적인 생각을 떠올리고, 흩어진 마음을 조율하는 지혜를 얻게 된다. 무엇보다 자기 이해, 인간관계, 감정 다스림 등 인간다운 삶의 방향을 실천하는 데 있어 고사성어 필사는 매우 좋은 길잡이가 되어준다.

이 책은 총 180개 고사성어로 구성되어 있으며 원문의 뜻과 그것이 지닌 의미를 담고 있다. 또한 내 삶에 어떻게 적용할 것인가를 고민하게 한다. 하루 10분, 선현들의 지혜를 오늘의 삶과 연결해주는 고사성어와 의미가 담긴 한 줄 필사는 분명히 독자들의 삶에 변화를 가져온다. 말과 생각이 달라지고 태도와 시선이 성숙해짐을 느낄 수 있을 것이다. 또한 더없이 바쁜 일상에서 벗어나 진정한 휴식을 부여하는 하루 10분은, 생각의 숨을 고르고 지적 여유를 선물하는 깊은 쉼이 된다.

고사성어 한 줄이 당신의 삶에 조용한 위로를 건네며 새로운 활력을 불어 넣어주기를 소망한다.

흐르는 강물처럼, *강은미*

CONTENTS

프롤로그 당신의 손끝에서 피어난 지혜, 그리고 쉼   4

PART 1 회복 탄력성
언제나 지치지 않고 전진하게 하는 힘

"고통은 삶이 우리에게 주는 가장 진실한 수업이고
모든 강함은 상처를 통과한 흔적이다"

- 매경한고(梅經寒苦) - 고통에 대한 인내를 통해 성장의 에너지가 응축된다   18
- 견인불발(堅忍不拔) - 포기가 습관이 되지 않도록 하라   20
- 삼호망진(三戶亡秦) - 내 힘과 노력이 초라해 보여도, 멀리 보면 성과를 낼 수 있다   22
- 학무지경(學無止境) - 배움은 끝이 아니라 매일 다시 쓰는 시작이다   24
- 유암화명(柳暗花明) - 절망 끝에도 다시 꽃이 핀다   26
- 타증불고(墮甑不顧) - 새로운 출발을 위해선 망각의 힘을 갖춰야 한다   28
- 남원북철(南轅北轍) - 목표와 수단이 제대로 결합되어 있는가?   30
- 일엽지추(一葉知秋) - 작은 변화도 빨리 알아채 관리해야 한다   32
- 고육지계(苦肉之計) - 쓰린 희생이 있어야 달콤한 이익도 있다   34
- 각주구검(刻舟求劍) - 예전의 생각을 고집하고 있지는 않는가?   36
- 의기양양(意氣揚揚) - 주눅 들지 않는 당당한 자신감부터 챙겨야 한다   38
- 군자표변(君子豹變) - 변화에 대한 끊임없는 상상을 하라   40
- 낙이망우(樂以忘憂) - 일을 올바르게 하려면 시간을 잊어야 한다   42
- 권토중래(捲土重來) - 마음이 무너졌을 때가 진짜 실패한 때다   44
- 다기망양(多岐亡羊) - 당황스러울 때에는 작은 원칙부터 지켜라   46
- 생구불망(生口不網) - 아무리 힘들어도 죽지는 않는다   48
- 전대미문(前代未聞) - 전에 없는 일을 해내겠다는 투지를 갖춰라   50
- 이란투석(以卵投石) - 계속하다 보면 결국 바위도 깨트릴 수 있다   52

- 천려일실(千慮一失) - 자신의 실수에 여유로운 마음을 가져야 한다 · 54
- 호리천리(毫釐千里) - 처음의 작은 차이가 큰 격차를 만든다 · 56
- 조고각하(照顧脚下) - 자신의 잘못부터 되돌아보아야 한다 · 58
- 배중사영(杯中蛇影) - 생기지도 않을 문제에 대해 걱정하지 마라 · 60
- 격화소양(隔靴搔癢) - 문제의 핵심을 회피하지 말고 정면 대응하라 · 62
- 안빈낙도(安貧樂道) - 불안하고 초조하게 사는 사람이 정말 가난한 사람이다 · 64
- 조절간맹(蚤絶姦萌) - 늘 최적의 상태를 유지해야 문제에도 잘 대응할 수 있다 · 66
- 주일무적(主一無適) - 탁월한 집중력이 현대인의 주요 무기다 · 68
- 외수외미(畏首畏尾) - 두려워하지 말고 담대해야 앞으로 나아갈 수 있다 · 70
- 타면자건(唾面自乾) - 모욕이나 굴욕도 참을 수 있어야만 한다 · 72
- 자승자강(自勝者强) - 딱 한 번, 자신을 넘어서는 경험을 해 보자 · 74
- 연작처옥(燕雀處屋) - 경각심을 잃어버리면 위험에 처할 수밖에 없다 · 76
- 각답실지(脚踏實地) - 설렘과 들뜸은 잠시, 착실함의 미덕을 갖춰야 한다 · 78
- 호질기의(護疾忌醫) - 비판을 받아들이기 힘들면 변화도 힘들다 · 80
- 철저마침(鐵杵磨鍼) - 무겁고 힘든 시간을 거쳐야 끝내 이룰 수 있다 · 82
- 숙능생교(熟能生巧) - 프로의 경지에 오르기 위한 반복의 중요성 · 84
- 십년한창(十年寒窓) - 외로움은 더 큰 세상으로 나가기 위한 집중의 시간이다 · 86
- 유지경성(有志竟成) - 많은 것을 이루기 위해서는 강한 뜻으로 무장하라 · 88

PART 2 목표와 성취
처음부터 손쉽고 빠르게 이루어지는 일은 없다

"할 수 있다고 믿든 할 수 없다고 믿든,
자신이 믿는 대로 될 뿐이다"

- 흉회대지(胸懷大志) - 거침없이 뻗어나가겠다는 기세가 성공의 출발점이다 · 92
- 기자쟁선(棄子爭先) - 사소한 것을 포기하지 않으면 결국 빈손이 된다 · 94
- 각자위정(各自爲政) - 서로 협력하지 않으면 성취는 불가능하다 · 96
- 부우완항(負隅頑抗) - 끝까지 버티는 사람이 결국 승리할 수 있다 · 98

- 등고자비(登高自卑) - 큰 목표를 이루려면 반드시 작은 것부터 시작해야 한다   100
- 욕속부달(欲速不達) - 신속하게 하지만 급하게 해서는 안 된다   102
- 망매해갈(望梅解渴) - 행복한 결말을 생각하면 오늘의 고통을 줄일 수 있다   104
- 은감불원(殷鑑不遠) - 타인의 사례를 보며 오늘의 나를 다져야 한다   106
- 노마십가(駑馬十駕) - 능력의 여부에 얽매이지 말고 꾸준함을 길러야 한다   108
- 서시빈목(西施嚬目) - 무작정 따라 하지 말고 자신만의 성공 노하우를 만들라   110
- 제구포신(除舊布新) - 과거에서 배워야만 두 배의 추진력을 갖출 수 있다   112
- 불요불굴(不撓不屈) - 꺾이지 않으려면 조금은 천천히 가도 된다   114
- 교각살우(矯角殺牛) - 잘못을 고치는 건 좋지만, 전체를 망칠 수는 없다   116
- 교자채신(教子採薪) - 단기 처방에 의지하지 말고 어려워도 장기 처방을 해야 한다   118
- 이관규천(以管窺天) - 책과 사람을 통해 끊임없이 시야를 확장하라   120
- 한단지보(邯鄲之步) - 남을 흉내 내지 말고 나만의 걸음으로 나아가라   122
- 영과후진(盈科後進) - 앞의 것이 채워지지 않으면, 뒤의 것도 채워지지 않는다   124
- 망양지탄(望洋之歎) - 너무 먼 미래를 보며 무력감에 사로잡힐 필요는 없다   126
- 흉유성죽(胸有成竹) - 마음에 분명한 시나리오를 그려야 한다   128
- 일수사견(一水四見) - 창의적인 관점을 잃어서는 안 된다   130
- 갈택이어(竭澤而漁) - 당장의 효율성만 따져서는 안 된다   132
- 양질호피(羊質虎皮) - 언제나 외형보다 내실을 더 탄탄히 하라   134
- 공휴일궤(功虧一簣) - 마지막 10%가 그간 쌓은 공을 무너뜨린다   136
- 안어양양(晏御揚揚) - 자신의 현실부터 냉정하게 파악해야 한다   138
- 낭중지추(囊中之錐) - 남들 앞에 나서기 전에 자신의 실력부터 키우라   140
- 수서양단(首鼠兩端) - 엿보기만 해서는 실천이 없다   142
- 묵적지수(墨翟之守) - 소신을 지킨다는 이유로 타인의 의견을 무시하지 마라   144
- 격물치지(格物致知) - 자신의 머리로 주체적으로 생각하라   146
- 방기곡경(旁岐曲逕) - 부당하고 억지스러운 방법으로는 될 일도 안 된다   148
- 우공이산(愚公移山) - 불가능해보이는 꿈도 이룰 수 있다고 믿어야 한다   150
- 주위상계(走爲上計) - 때로는 물러설 줄 아는 것도 지혜이다   152
- 수주대토(守株待兔) - 노력하지 않고 결과를 기다린다는 것은 어리석다   154
- 당랑거철(螳螂拒轍) - 만용은 상처를 남기고 신뢰도 잃게 한다   156

- 권의지계(權宜之計) - 상황의 변화에 따라 다양한 방법을 구사하라   158
- 우생마사(牛生馬死) - 위기의 순간, 지나치게 다급하게 대처하지 마라   160
- 궁즉변통(窮則變通) - 압도적인 실행력이 결국 목표를 이뤄낸다   162

PART 3 마음과 감정 다스리기
감정을 잘 관리하는 것은 곧 내 인생을 관리하는 일이다

"분노는 지혜의 자리를 빼앗는 가장 어리석은 감정이다"

- 현애살수(懸崖撒手) - 나를 덮치는 감정에서 멀어질 각오   166
- 상선약수(上善若水) - 물처럼 부드럽게 적응하면 조금 더 편해진다   168
- 애기애타(愛己愛他) - 자신의 실수를 용서하고 감싸주어야 한다   170
- 애이불비(哀而不悲) - 슬픈 감정에 과도하게 몰입해서는 안 된다   172
- 문인상경(文人相輕) - 자신을 높게 평가한다고, 타인을 과소평가하지는 마라   174
- 요불승덕(妖不勝德) - 상처를 받아도 결국 승리한다고 생각하라   176
- 인십능지(人十能之) - 백 번이고 천 번이고 하겠다는 투지를 가져라   178
- 사청사우(乍晴乍雨) - 감정에 너무 일일이 반응하면 자신이 소진된다   180
- 기과필화(氣過必禍) - 너그럽고 온화한 마음을 함께 갖춰야 한다   182
- 절기망상(絶忌妄想) - 생각과 마음은 반드시 스스로 조절할 수 있다   184
- 의심암귀(疑心暗鬼) - 지나친 의심은 자신을 불안하게 만든다   186
- 소아변일(小兒辯日) - 별것 아닌 일로 다투고 있지는 않은가?   188
- 형제투금(兄弟投金) - 욕심이 생기면 사정없이 버려라   190
- 득롱망촉(得隴望蜀) - 절제와 제어가 있어야 감정에도 휘둘리지 않는다   192
- 기우귀가(騎牛歸家) - 하루의 시간을 보내는 방식이 내 마음을 좌우한다   194
- 불위주곤(不爲酒困) - 술을 다스리는 일이 감정을 다스리는 일이다   196
- 불양불택(不讓不擇) - 넓은 배포를 갖는 것도 도움이 된다   198
- 대용약겁(大勇若怯) - 자랑하려는 마음을 줄이면 하루가 평안해진다   200
- 준조절충(樽俎折衝) - 힘이 아닌 소통으로 문제를 해결해야 한다   202

- 수지여우(守之如愚) - 멋대로 오만하면 낭패를 보기 마련이다   204
- 불평즉명(不平則鳴) - 고독하게 자신의 문제를 해결하라   206
- 재승덕박(才勝德薄) - 실력이 뛰어날수록, 더 많이 인격을 닦아야 한다   208
- 중노난범(衆怒難犯) - 다수의 사람들을 적으로 돌리지 마라   210
- 여도지죄(餘桃之罪) - 지나친 사랑도 문제가 될 수 있다   212
- 명경지수(明鏡止水) - 고요하고 깨끗한 마음 상태를 유지하라   214
- 읍참마속(泣斬馬謖) - 감정에 얽매이는 결정을 하지 마라   216
- 천금매소(千金買笑) - 긍정적인 생각은 돈을 주고도 살 수 없다   218
- 도광양회(韜光養晦) - 실력을 드러내지 말고 때를 기다려라   220
- 곤우주식(困于酒食) - 아쉬운 것도 있어야 곤란한 일도 피할 수 있다   222
- 입심물항(立心勿恒) - 마음을 세우되 견고하게 만들어야 한다   224
- 동주공제(同舟共濟) - 마음에 들지 않아도 협력할 수 있어야 한다   226
- 망국지음(亡國之音) - 즐거움에 지나치게 빠지지 마라   228
- 간담상조(肝膽相照) - 충분한 소통이 감정을 하나로 만든다   230
- 궁구물박(窮寇勿迫) - 감정의 빈틈 없이 몰아쳐서는 안 된다   232
- 교언영색(巧言令色) - 지나치게 친절해도 주의해야 한다   234
- 창해일속(滄海一粟) - 내 감정이 전부가 아니다   236

PART 4

인간관계
인간관계는 어렵지만, 정답은 명쾌하다

"사람 사이에 필요한 것은
고차 방정식이 아닌 플러스 마이너스일 뿐이다"

- 각자무치(角者無齒) - 모든 것을 갖고 싶어 할수록 결국 아무것도 가질 수 없다   240
- 항룡유회(亢龍有悔) - 높이 오른 사람일수록, 주변에 대해 감사해야 한다   242
- 견리사의(見利思義) - 이익이 보여도 흔들리지 않아야 관계가 유지된다   244
- 모합심리(貌合心離) - 같은 마음을 만들어야 함께 전진할 수 있다   246
- 이택상주(麗澤相注) - 서로에게 선한 영향력을 끼치는 관계를 추구하라   248

- 송무백열(松茂柏悅) - 질투하는 관계는 절대 오래갈 수 없다 — 250
- 도비간수(挑肥揀瘦) - 늘 나에게 좋은 것만을 선택할 수는 없다 — 252
- 양금택목(良禽擇木) - 사람의 사귐은 가리는 것에서 시작한다 — 254
- 계명구도(鷄鳴狗盜) - 작은 재주라도 귀하게 봐줄 필요가 있다 — 256
- 분정항례(分庭抗禮) - 아무리 친해도 지킬 예의는 지켜야 한다 — 258
- 악목불음(惡木不蔭) - 사람을 품어주는 그늘이 있어야 한다 — 260
- 이청득심(以聽得心) - 말하는 것보다 더 중요한 것은 듣는 것이다 — 262
- 해불양수(海不讓水) - 사람을 차별하면 반드시 해가 되돌아온다 — 264
- 가계야치(家鷄野雉) - 가까운 사람일수록 더 귀하게 여겨야 한다 — 266
- 마중지봉(麻中之蓬) - 나에게 부족한 것을 갖춘 사람을 만나야 한다 — 268
- 동심동덕(同心同德) - 상대방에게 먼저 줄 때, 상대방도 진심이 된다 — 270
- 무신불립(無信不立) - 신뢰가 전제되지 않으면 아무런 소용이 없다 — 272
- 왕자불추(往者不追) - 인연은 억지로 잇는다고 이어지지는 않는다 — 274
- 취모멱자(吹毛覓疵) - 누군가의 흠을 찾으려 한다면 한도 끝도 없다 — 276
- 절구부제(絶口不提) - 비밀이 지켜지지 않는 관계는 온전한 관계일 수 없다 — 278
- 소리장도(笑裏藏刀) - 겉모습만으로 사람의 내면까지 판단해선 안 된다 — 280
- 토포악발(吐哺握髮) - 존재 자체로 인정해주는 환대를 하라 — 282
- 유능제강(柔能制剛) - 주도권을 쥐기 위해서는 부드러워야 한다 — 284
- 중심성성(衆心成城) - 주변 사람과 함께 단단한 성을 만들라 — 286
- 백락일고(伯樂一顧) - 자신을 알아봐주는 사람과 사귀어야 한다 — 288
- 근묵자흑(近墨者黑) - 상대방은 반드시 나에게 영향을 미친다 — 290
- 이시목청(耳視目聽) - 눈치가 빠른 것은 큰 도움이 된다 — 292
- 수석침류(漱石枕流) - 실수를 인정하지 않는 사람을 멀리하라 — 294
- 태산압란(泰山壓卵) - 고압적인 태도로는 사람을 움직일 수 없다 — 296
- 후생가외(後生可畏) - 나이가 많다고 반드시 뛰어난 건 아니다 — 298
- 삼가재상(三可宰相) - 과도한 흑백논리로 상대를 단죄하지 마라 — 300
- 각골난망(刻骨難忘) - 한번 받은 도움을 절대로 잊지 마라 — 302
- 구맹주산(狗猛酒酸) - 너무 까칠해도 주변에 사람이 없다 — 304
- 아심여칭(我心如秤) - 돈은 돈일 뿐, 결코 인격은 아니다 — 306

- 월조대포(越俎代庖) - 지나친 오지랖도 문제가 된다　　308
- 대우탄금(對牛彈琴) - 격이 맞지 않으면 만나기가 힘들다　　310

PART 5 습관과 태도
자신을 위험에 빠뜨리는 것은 거의 대부분 자신이다

"탁월함은 행동이 아니라 습관으로 완성된다"

- 습여성성(習與性成) - '오늘보다 나은 내일의 나'를 만들자　　314
- 다언삭궁(多言數窮) - 적지 않은 인생의 문제가 말에서 시작된다　　316
- 사불급설(駟不及舌) - 나의 말은 모두가 듣고 보고 있다　　318
- 거안사위(居安思危) - 위험이 없을 때 위험을 생각해야 한다　　320
- 수적천석(水滴穿石) - 오늘의 작은 노력이 미래의 성과로 이어진다　　322
- 만손겸익(滿損謙益) - 겸손이 부르는 이익에 주목해야 한다　　324
- 작법자폐(作法自斃) - 대부분의 고난은 스스로 만들어 낸다　　326
- 구우일모(九牛一毛) - 작은 흠에 연연하지 말고 숲을 보라　　328
- 포신구화(抱薪救火) - 문제의 화근을 안고 문제를 해결할 수는 없다　　330
- 언소자약(言笑自若) - 태연함은 자신을 다스리는 능력이다　　332
- 선우후락(先憂後樂) - 흔쾌해지기 위해서는 힘든 일부터 먼저 해결하라　　334
- 교토삼굴(狡兎三窟) - 지혜로운 사람은 늘 대비책이 있다　　336
- 방촌이란(方寸已亂) - 이미 혼란해진 것들을 다시금 바로잡다　　338
- 사석위호(射石爲虎) - 초인적인 힘도 결국 집중력에서 나온다　　340
- 소극침주(小隙沈舟) - 완벽한 삶을 살 수는 없지만, 느슨하게 살 수도 없다　　342
- 소림일지(巢林一枝) - 자신을 발전시키는 일과 분수를 넘어서는 일은 다르다　　344
- 호추불두(戶樞不蠹) - 정체되는 것을 극히 경계해야 한다　　346
- 덕고훼래(德高毀來) - 누군가 나를 욕해도 신경 쓰지 않는 습관을 길러라　　348
- 선유자익(善游者溺) - 자신이 잘하는 일 때문에 곤란한 상황에 처할 수 있다　　350
- 금선탈각(金蟬脫殼) - 고정관념이 바뀌지 않으면 나도 바뀌지 않는다　　352

- 창랑자취(滄浪自取) - 칭찬을 듣든 비난을 듣든, 모두 내가 하기 나름이다　　354
- 전거후공(前倨後恭) - 현재의 상황만으로 상대방을 판단하지 마라　　356
- 목불견첩(目不見睫) - 자신에게도 엄격한 기준과 잣대를 들이대야 한다　　358
- 패령자계(佩鈴自戒) - 늘 각성하는 태도로 깨어 있는 삶을 유지하라　　360
- 궐의신언(闕疑愼言) - 확실하지 않은 지식에서 멀어져야 한다　　362
- 파부침주(破釜沈舟) - 때로는 배수진을 치는 것도 방법이다　　364
- 목인석심(木人石心) - 유혹을 이겨야 비로소 자기 신뢰가 생긴다　　366
- 곡돌사신(曲突徙薪) - 선견지명으로 결단력을 발휘하라　　368
- 약팽소선(若烹小鮮) - 크고 대단한 일도 디테일에서부터 시작된다　　370
- 공자천주(孔子穿珠) - 배울 점이 없는 사람은 없다　　372
- 금의야행(錦衣夜行) - 남에게 보이기 위한 것이 아닌, 나를 위한 행동을 해라　　374
- 화이부실(華而不實) - 삶의 열매를 위해 충분히 투자하라　　376
- 정중지와(井中之蛙) - 자신이 무엇을 안다고 단정 짓지 마라　　378
- 본립도생(本立道生) - 기본부터 서지 않으면 나아갈 수가 없다　　380
- 불악이엄(不惡而嚴) - 위엄으로 무게감과 존재감을 갖춰라　　382
- 신시경종(愼始敬終) - 무겁게 시작하고 최선을 다해 끝맺어야 한다　　384

에필로그　의식이 머무는 곳에 에너지가 흐른다　　386

PART 1

회복 탄력성
언제나 지치지 않고 전진하게 하는 힘

"고통은 삶이 우리에게 주는 가장 진실한 수업이고,
모든 강함은 상처를 통과한 흔적이다"

아름다운 다이아몬드가 만들어지기 위해서는 강한 압력과 뜨거운 열이 필요하다. 우리의 삶도 비슷하다. 고통과 역경이 없으면 그 어떤 사람도 다이아몬드처럼 아름다워지기 힘들다. 우리는 위대한 사람, 성공한 사람의 겉모습만 보지만, 보이지 않는 이면에는 쉽지 않은 어려움을 뚫고 나온 과거가 존재한다. 지금 힘들고 고통스럽고, 어려운 상황이라면 자신이 다이아몬드로 만들어지는 순간이라고 생각해 보면 어떨까? 그것들은 상처만 남기는 것이 아니라, 삶에 대한 지혜와 통찰도 함께 남기기 때문이다.

고통에 대한 인내를 통해 성장의 에너지가 응축된다

매경한고 梅經寒苦

매화 **매**   겪을 **경**   추울 **한**   괴로울 **고**

매화는 추위와 고통을 겪는다

매화는 추운 겨울을 견디면서 비로소 꽃을 피우는 존재이다. 이는 단순히 일정한 시간을 견뎌야 한다는 의미만은 아니다. 그 추운 과정에서 비로소 매화는 자신의 에너지를 응축하고 피어날 준비를 하는 것이다. 사람에게 고통에 대한 인내가 필요한 이유도 바로 여기에 있다. 그 과정을 통해서 정신적으로 수련하게 되고, 스스로 성장의 에너지를 만들 수 있기 때문이다.

梅	經	寒	苦
梅	經	寒	苦

- 내가 견뎌냈던 추위 중, 가장 인상 깊었던 일은?

- 지난 고통을 통해 나는 무엇을 배웠는가?

포기가
습관이 되지 않도록 하라

견인불발 堅忍不拔

굳을 **견**   참을 **인**   아니 **불**   뺄 **발**

굳게 참아야 빼앗기지 않는다

우리는 어떤 어려움이 생길 것이라는 예상이 들면 그것을 회피하고자 하는 마음이 가장 먼저 든다. 하지만 계속해서 회피하고 뒤로 물러서는 행동은 결국 습관이 되기 쉽다. 그렇게 되면 새로운 것을 얻기보다, 가진 것마저 점점 잃게 되는 상황이 펼쳐진다. 자신의 자리를 굳게 지키고 어려움에 맞서는 자세를 갖춘다면, 더 나은 방향으로 나아갈 수 있는 든든한 기반이 된다.

堅忍不拔

堅忍不拔

- 지금 내가 견뎌내고 버티고 있는 일은 무엇인가?

- 지치고 흔들릴 때 다시 중심을 잡기 위해 할 수 있는 행동은?

내 힘과 노력이 초라해 보여도, 멀리 보면 성과를 낼 수 있다

삼호망진 三戶亡秦

셋**삼**　집**호**　망할**망**　진나라**진**

세 집안만 남아 있어도 진나라를 멸망시킬 수 있다

진나라는 매우 강력한 나라였지만 적국에 세 집안만 남아 있어도 강한 나라인 진나라를 멸망시킬 수 있다는 의미이다. 이는 작은 힘, 꾸준한 노력이 얼마나 강한지를 보여준다. 때로는 자신의 작은 힘과 노력이 너무 초라하게 보일 때도 있다. 하지만 절대로 그렇지 않다. 비록 짧은 기간에는 성과가 나지 않을지 모르겠지만, 시간이 흐르면 어느덧 분명히 변화된 자신을 볼 수 있기 때문이다. 작아도 꾸준하게 실천할 때, 진정한 변화를 이뤄낼 수 있다.

- 지금 내가 가진, 작지만 분명한 힘은 무엇인가?

- 지금 이 일은 누군가와 함께한다면 어떤 변화가 가능할까?

배움은 끝이 아니라 매일 다시 쓰는 시작이다

학무지경 學無止境

배울 **학**　없을 **무**　멈출 **지**　경계 **경**

배움에는 한계가 없어 멈출 수 없다

　세상은 끊임없이 변해간다. 새로운 기술이 등장하고, 사람들의 트렌드도 바뀌는 중이다. 이에 대한 공부를 멈춘다면 결국 내가 퇴보하는 결과를 맞게 된다. 계속해서 배우고 공부하지 않으면 문제 해결력도 떨어질 수밖에 없다. 끊임없이 배우겠다는 자세야말로, 수시로 생길 수 있는 여러 변수를 제어하고 안정적인 삶의 행보를 만들어갈 수 있다.

- 요즘 내 안에 자라고 있는 생각이나 배움은 무엇인가?

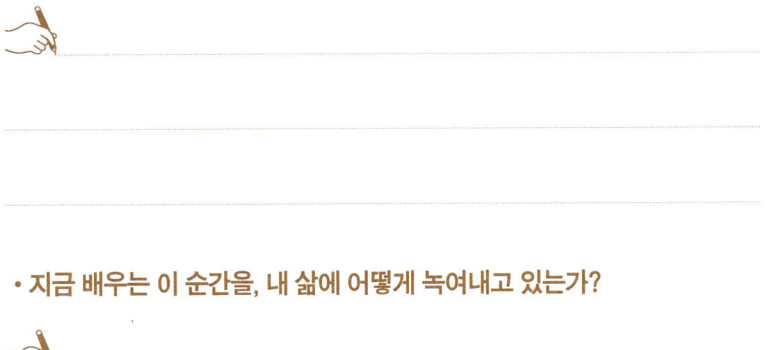

- 지금 배우는 이 순간을, 내 삶에 어떻게 녹여내고 있는가?

절망 끝에도
다시 꽃이 핀다

유암화명 柳暗花明

버들 유　어두울 암　꽃 화　밝을 명

버드나무의 어두움과 꽃의 밝음

어두움과 밝음은 완전히 다른 것이라고 생각할 수 있다. 하지만 사실 둘은 보완의 관계이다. 봄이 되어 버드나무의 버들이 무성해지면 그림자가 생기지만, 동시에 꽃이 피어 밝아진다. 우리의 삶도 마찬가지이다. 부정적인 것이 있다면 반드시 그로 인한 긍정적인 것도 생기게 마련이고 정반대의 경우도 생긴다. 사물과 사건을 하나의 방향으로만 보면서 단정 짓지 말고 상호 보완하는 관계로 본다면 인생은 좀 더 가벼워질 수 있다.

柳暗花明

柳暗花明

- 포기하지 않고 흐르고 있는 나의 습관은?

- 다가오는 날들 속, 어둠과 달빛을 어떻게 받아들일 것인가?

새로운 출발을 위해선
망각의 힘을 갖춰야 한다

타증불고 墮甑不顧

떨어질 **타**　시루 **증**　아니 **불**　돌아볼 **고**

깨진 그릇은 돌아보지 않는다

　등에 지고 가던 시루가 땅에 떨어져 깨지면 뒤를 보고 아쉬워한다. 사람이니 누구나 안타까운 마음이 있지만, 하염없이 깨진 시루만 바라보면 앞으로 전진하기 어렵다. 살다 보면 누구나 안타까운 일, 후회할 일을 겪는다. 그러나 그런 때마다 멈춰 서면 삶은 계속해서 정체된다. 망각이 없으면 전진은 불가능하고, 과거의 일을 잊지 않으면 새로운 도전 앞에서 주저하게 된다. 때로는 과거를 외면하고 앞으로 나아가려는 힘이 필요하다.

- 지금 나를 방해하는 건 외부의 시선인가, 내 안의 불안인가?

- 불안한 시선 속에서도 어떻게 나다움을 지켜낼 것인가?

목표와 수단이
제대로 결합되어 있는가?

남원북철 南轅北轍

남쪽 **남** 끌채 **원** 북쪽 **북** 바퀴 자국 **철**

수레는 남쪽으로, 바퀴는 북쪽으로 간다

목표는 남쪽으로 두면서 정작 바퀴는 북쪽으로 간다는 의미이다. 일에 대한 진단을 제대로 하지 못하면 목표가 어긋나고, 올바른 성과를 기대하기 어렵다. 자신이 무엇을 원하는지, 어떤 행동을 해야 하는지 다시 한번 냉철하게 생각할 필요가 있다. 내가 하려는 방향과 그것을 이뤄내는 수단이 잘못되어 있지 않은지 냉정하게 살펴야 하는 이유이다.

- 지금 내가 진심으로 향하고 있는 목표는 무엇인가?

- 지금의 방식이, 내가 원하는 목적지에 닿을 수 있는 길인가?

작은 변화도
빨리 알아채 관리해야 한다

일엽지추 一葉知秋

하나 **일**   잎 **엽**   알 **지**   가을 **추**

하나의 낙엽을 보고 가을을 알아차린다

살다 보면 우리에게는 전혀 예상치 못했던 일이 생기기 마련이다. 그럴 때 너무 작고 사소하다는 이유로 큰 관심을 두지 않는 경우가 있다. 그러나 대단한 일도 결국에는 매우 사소하고 작은 모습으로 시작될 수 있다. 작은 틈새와 균열이 나를 지치게 하고, 내 목표를 무너뜨릴 수 있다. 지나치게 예민하게 반응하고 과하게 신경 쓸 필요까지는 없지만, 작고 사소한 일들이 미칠 영향을 고려하면서 좀 더 탄탄하게 관리해야만 한다.

一 葉 知 秋

一 葉 知 秋

- 지금 이 순간, 작지만 달라진 내 모습은 어떤 부분인가?

- 그 작은 변화가 내 삶에 어떤 변화를 일으키고 있는가?

쓰라린 희생이 있어야 달콤한 이익도 있다

고육지계 苦肉之計

쓰라릴 **고** 살 **육** 어조사 **지** 계책 **계**

쓰라린 육체의 계책

자신의 몸을 쓰라리게 하는 과정을 겪어야 더 많은 것을 얻을 때가 있다는 의미이다. 즉, 무엇이든 인내하고, 고통을 참아내는 과정이 있어야만 한다는 이야기이다. 하지만 어떤 이들은 아무것도 희생하지 않으면서 많은 것을 가지고 싶어 한다. 이것이야말로 허황된 욕심이 아닐 수 없다. 이러한 욕심에 사로잡혀 있다면, 훗날 아무것도 얻지 못한 자신을 발견하게 된다. 오늘의 인내와 고통이 내일의 큰 이익을 만든다는 생각으로 삶을 전진시켜 나아가야 한다.

- 더 소중한 것을 지키기 위해 포기한 것은 무엇인가?

- 그 선택은 지금 나에게 어떤 의미로 남아 있는가?

예전의 생각을 고집하고 있지는 않는가?

각주구검 刻舟求劍

새길 **각**   배 **주**   구할 **구**   칼 **검**

배에 흠집을 새겨 칼을 구한다

물 위에 떠 있는 배에서 물속으로 칼을 떨어뜨리고 배에 그 위치를 표시한 후에 시간이 흘러 그 칼이 떨어진 위치를 찾을 수 있을까? 참으로 어리석은 일이 아닐 수 없다. 하지만 우리는 가끔 이런 일을 하기도 한다. 예전의 방식, 과거의 생각을 고집하면서 오늘을 살아나가려고 한다. 낡은 것, 오래된 것이 가진 의미와 가치도 있겠지만, 융통성이 부족하면 새로운 것에 적응하기 힘든 법이다. 나의 사고가 얼마나 유연한지를 다시 한번 생각해봐야 한다.

刻 舟 求 劍

刻 舟 求 劍

- 나는 어떤 성격의 사람인지 자신을 소개해 보자.

- 현재 성격을 어떻게 조율하며 살아가고 있는지 적어보자.

주눅 들지 않는
당당한 자신감부터 챙겨야 한다

의기양양 意氣揚揚

마음 의   기운 기   날릴 양   날릴 양

마음의 기세가 높이 멀리 퍼진다

　기세가 대단하고 자신감이 넘치는 상태를 표현하는 고사성어이다. 사실 어떤 일을 할 때부터 우리는 이러한 당당한 자신감부터 갖추어야 한다. 처음부터 의심하고, 자신을 신뢰하지 못한다면 그 일이 잘될 리는 만무하다. 그렇다고 '근거 없는 자신감'을 가지라는 의미는 아니다. 어떤 일을 할 때 최선을 다하고, 어떤 문제가 생겨도 회피하지 않을 용기를 가지라는 의미이다. 성공과 성과는 바로 이러한 마음의 태도에서부터 시작될 수 있다.

意 氣 揚 揚

意 氣 揚 揚

- 내 삶에서 자랑스럽게 여기는 순간이나 모습은 무엇인가?

- 겸손을 잃지 않기 위해 어떤 태도를 지켜야 할까?

변화에 대한
끊임없는 상상을 하라

군자표변 君子豹變

군자(덕이 높은 사람) 표범 **표** 변화할 **변**

군자는 표범처럼 변한다

덕이 높은 사람인 군자는 표범처럼 변한다는 의미이다. 자신의 품성과 태도를 끊임없이 변화시켜서 발전하는 사람을 비유적으로 나타내고 있다. 사실 우리는 변화에 익숙하지 못한 경우가 많다. 더 많은 에너지가 쓰이고 때로는 스트레스가 생기기 때문이다. 하지만 과감하게 표범처럼 변하지 않으면 더 나은 결과와 새로운 도전은 불가능하다. 세상에 지지 않기 위해 끊임없는 변화를 상상해보자.

君 子 豹 變

君 子 豹 變

- 실수를 마주했을 때, 어떻게 반응하며 마음을 바라보는가?

- 실수를 통해 무엇을 배우고 어떤 변화를 시도해 보았는가?

일을 올바르게 하려면
시간을 잊어야 한다

낙이망우 樂以忘憂

즐길 **낙**   써 **이**   잊을 **망**   근심 **우**

일을 즐겨서 근심을 잊는다

"일을 올바르게 하려면 시계를 보지 말라."라는 말이 있다. 무엇이든지 매우 열중해서 시간조차 잊어버리게 되면 반드시 원하는 성과를 얻을 수 있다는 의미이다. 이는 '지금, 여기'에 집중하는 힘이 얼마나 강한지를 알려주는 말이기도 하다. 지금 주변에서 무슨 일이 일어나는지 알 수 없을 정도라면, 매우 훌륭하게 일을 하는 상태일 것이다.

- 근심이 가득할 때 나에게 어떤 휴식을 허락하는가?

- 최근 나를 웃게 만들었던, 작고 사소한 기쁨은 무엇인가?

마음이 무너졌을 때가
진짜 실패한 때다

권토중래 捲土重來

말 권   흙 토   다시 중   올 래

흙먼지를 말아 일으키며 다시 온다

　흙먼지를 휘몰아치며 다시 온다는 뜻으로 결코 좌절하지 않고 힘을 길러 다시 도전하는 모습을 보여주고 있다. 한번 좌절하거나 실패하면 우리는 자신감을 잃고 낙담하곤 한다. 하지만 진정한 실패는 그 자리에 머무는 것이다. 결국 마음이 무너졌을 때가 진짜 실패한 때라고 해도 과언이 아니다. 그 어떤 경우에도 다시 도전할 수 있고, 작은 것부터 하나하나 이뤄나갈 수 있을 때, 최종적인 영광이 우리와 함께할 것이다.

捲 土 重 來

捲 土 重 來

- 내가 다시 일어설 수 있다는 믿음을 지켜주는 사람이 있는가?

- 지금도 마음에 남아있는 그 사람의 한마디는 무엇인가?

당황스러울 때에는
작은 원칙부터 지켜라

다기망양 多岐亡羊

많을 다 갈림길 기 잃을 망 양 양

갈림길이 많아 양을 잃어버린다

갈림길이 너무 많아 잃어버린 양을 찾지 못한다는 뜻으로, 방침이 너무 많아서 도리어 어디로 향할지 모르는 모습을 말하고 있다. 때로 우리는 무엇을 어떻게 해야 할지 모르는 당황스러운 순간에 처하곤 한다. 예상치 못한 상황에 너무 급작스럽게 처하거나 전혀 계획에 없던 일이 닥칠 때가 그렇다. 이럴 때는 허둥지둥하지 않고, 분명한 한두 가지의 원칙에 의지해서 행동할 필요가 있다. 한꺼번에 모든 것을 제자리로 돌려놓으려면 오히려 상황이 복잡해지기 때문에 하나씩, 하나씩 문제를 해결해 나가야 한다.

多 岐 亡 羊

多 岐 亡 羊

- 지금 고민 속에서 가장 먼저 내려놓아야 할 것은 무엇인가?

- 선택지가 많아질수록 나는 무엇을 기준으로 방향을 정하는가?

아무리 힘들어도 죽지는 않는다

생구불망 生口不網

날 **생**   입 **구**   아닐 **불**   그물 **망**

설사 그렇다고 하더라도 죽지는 않는다

살아 있는 입에 거미줄이 쳐지지는 않는다는 뜻으로, 아무리 힘들고 곤궁해도 그럭저럭은 먹고산다는 의미를 가지고 있다. 자신의 삶이 막바지에 몰리거나 너무 괴롭다고 생각하면 미래에 대한 두려움에 잠식되곤 한다. 이럴 때에는 '설사 그렇다고 죽기야 하겠어?'라는 가벼운 마음을 가질 필요도 있다. 불안에 압도당하지 않아야, 끝끝내 새로운 도전도 해낼 수 있기 때문이다.

- 최근 나를 후회하게 만드는 말 한마디는 무엇인가?

- 감정을 말로 풀기보다는 어떻게 다루고 있는가?

전에 없는 일을 해내겠다는 투지를 갖춰라

전대미문 前代未聞

앞 **전**   시대 **대**   아닐 **미**   들을 **문**

이전 시대에는 들어본 적이 없다

이전까지 들어본 적이 없는 놀랍거나 매우 새로운 일을 말한다. 한마디로 과거의 자신을 훌쩍 뛰어넘어 새로운 미래를 스스로 개척하라는 조언이다. 이는 자신을 넘어설 수 있는 매우 중요한 마음가짐이라고 할 수 있다. 늘 고만고만한 자신의 상태에서, 늘 해오던 일만 해왔다는 생각이 든다면 이제는 바꿔야 할 때이다. 남들이 해내는 대단한 일을 자신이라고 할 수 없을 리는 없다. 강한 도전정신으로 자신을 새롭게 넘어서는 전대미문의 일을 만들어 가야 한다.

前 代 未 聞

前 代 未 聞

- 남의 시선을 의식하지 않고 내 방식대로 나아갔던 순간은?

- 그 선택으로 무엇을 배웠는가?

계속하다 보면 결국 바위도 깨트릴 수 있다

이란투석 以卵投石

써 이 알 란 던질 투 돌 석

계란으로 바위를 친다

되지도 않을 일을 무모하고 무리하게 한다는 의미가 담겨 있다. 하지만 실행력의 면에서 우리는 늘 이란투석의 자세를 가지고 있어야 한다. 비록 무모해 보여도 '그건 별 소용이 없을 거야.'라고 생각한다면 실제로 되는 일은 아무것도 없다. 조그마한 노력이라도 계속하다 보면 그 방법과 노하우를 조금씩 알게 되고, 결국에는 바위도 깨뜨릴 수 있을 것이다.

以卵投石

以卵投石

- 스스로 가능성이 낮다고 느끼면서도 도전했던 일은?

- 그 선택이 나에게 남긴 후회 혹은 자부심은 무엇인가?

자신의 실수에
여유로운 마음을 가져야 한다

천려일실 千慮一失

일천 **천**   생각할 **려**   한 **일**   잃을 **실**

천 가지의 생각 중에서 한 가지의 실책

아무리 지혜로운 사람도 실수를 할 수 있다는 의미이다. 이것은 세상의 모든 사람들에게 공통적으로 적용된다. 실수하지 않는 사람은 없고, 후회하지 않는 사람도 없다. 누구나 아픈 과거를 가지고 있고, 앞으로 그런 일이 생길 수도 있다. 중요한 것은 언제든 자신에게 실망하지 않고 '나도 실수할 수 있어.'라고 여유로운 마음을 가지는 것이다. 그래야 다시 회복할 수 있는 힘이 생길 수 있다.

- 과거에 했던 부끄러운 실수가 있다면 적어보자.

- 실수를 배움으로 바꾸기 위해 어떠한 태도를 가져야 할까?

처음의 작은 차이가
큰 격차를 만든다

호리천리 毫釐千里
저울의 가장 작은 눈금 **호**리 일천 **천** 마을 **리**

처음에는 털끝만큼의 차이지만 나중에는 천 리의 차이가 난다

'호리'는 저울의 가장 작은 눈금을 의미하고 그것이 나중에는 천 리라는 아주 큰 차이를 만들어낸다는 뜻이다. 이 말은 시작의 중요성을 강조하고 있다. 처음 시작할 때에는 별로 차이가 없는 것처럼 느껴질 수 있겠지만, 그 작은 차이가 쌓여서 천 리라는 엄청난 거리 차이를 만들어낼 수 있다. 후에 얻게 될 엄청난 격차와 성과를 생각한다면, 시작할 때의 어려움도 이겨낼 수 있을 것이다.

- 이제까지 뭔가를 시작했다가 그만둔 일이 있는지 떠올려 보자.

- 앞으로는 그렇게 하지 않기 위해서 어떻게 해야 할까?

자신의 잘못부터 되돌아보아야 한다

조고각하 照顧脚下

비칠 **조** 돌아볼 **고** 다리 **각** 아래 **하**

자기 다리의 아래를 비추고 돌아보라

문제의 원인을 자기 자신에게 찾으라는 의미이다. 물론 문제의 원인이 외부의 요인으로 발생할 수도 있다. 자신의 잘못과는 전혀 상관이 없는 경우이다. 하지만 그러한 문제에 대해서도 우선적으로 내가 잘못한 것이 무엇인지 파악해보는 자세가 필요하다. 이렇게 되면 자기 발전의 동력을 스스로 갖출 수 있게 되고, 늘 만반의 태세로 문제에 대비할 수 있기 때문이다.

照 顧 脚 下

照 顧 脚 下

- 기초가 부족해서 무너진 경험이 있다면?

- 조급한 마음이 들 때, 나는 어떤 방식으로 나를 다잡는가?

생기지도 않을 문제에 대해 걱정하지 마라

배중사영 杯中蛇影

술잔 **배**   가운데 **중**   뱀 **사**   그림자 **영**

술잔 속에 비친 뱀 그림자

쓸데없는 근심과 걱정을 가진다는 의미이다. 우리는 실제로 생기는 일에 대한 걱정보다는 가능성이 매우 적은 일에 대한 걱정과 근심을 많이 하는 편이다. 이렇게 되면 늘 마음의 활력은 떨어지고, 작은 문제에도 쉽게 절망하고 좌절하기도 한다. 회복 탄력성을 갖는 것도 매우 힘들다. 일어나지 않은 일 걱정하지 말고 오늘에 충실하면 그렇게 걱정할 문제가 생기지도 않을 것이다.

• 최근 내가 괜히 의심하거나 불안했던 일은 ?

• 가볍고 유연한 마음을 가지기 위해서는 무엇을 해야 할까?

문제의 핵심을 회피하지 말고 정면 대응하라

격화소양 隔靴搔癢

사이 뜰 **격**   신 **화**   긁을 **소**   가려울 **양**

신발을 신은 채 가려운 곳을 긁는다

문제의 핵심을 다루지 못하고 주변적인 것에 머문다는 의미이다. 이렇게 되면 효과적인 문제 해결은 불가능에 가깝다. 물론 그 핵심을 몰라서 그럴 수도 있지만, 그것을 마주하기 두려워 일부러 회피하는 경우도 있다. 이런 태도만으로는 인생의 문제에 정면 대응하기 힘들고, 자신이 주도하는 삶을 살기가 힘들어진다. 언제나 도망가지 않는 자세로 하나하나 문제를 해결해 나가겠다는 자세로 살아야 한다.

隔靴搔癢

隔靴搔癢

- 겉돌기만 하면서 문제의 핵심을 피해 간 적은 없는가?

- 현재 자신이 겪는 문제를 해결하기 위해서 집중해야 할 본질은 무엇일까?

불안하고 초조하게 사는 사람이 정말 가난한 사람이다

안빈낙도 安貧樂道

편안할 **안** 가난할 **빈** 즐길 **낙** 길 **도**

가난한 삶 속에서도 편안하게 살며 도를 즐긴다

경제적으로 가난하면서도 심리적으로 편안하기는 무척 힘들다. 하지만 현재를 감사하는 마음을 가진다면 충분히 가난도 받아들일 수 있다. 아무리 돈이 많아도 마음이 가난한 사람이 많다. 더 많은 것을 가지려는 욕망에 휘둘리면서 불안하고 초조하게 사는 것이야말로 진짜 가난한 사람이다. 마음의 여유와 현재를 감사하면서 수용하면, 마음의 힘이 점점 강해지면서 진정한 회복탄력성을 갖출 수 있을 것이다.

安 貧 樂 道

安 貧 樂 道

- 외적인 성공보다 내 삶을 지켜준 가치는 무엇인가?

- 나에게 진짜 의미 있는 '풍요'란 무엇인가?

늘 최적의 상태를 유지해야 문제에도 잘 대응할 수 있다

조절간맹 蚤絶姦萌

일찍 **조**   끊을 **절**   간사할 **간**   싹 **맹**

간사한 싹을 미리 잘라버리다

권력의 유지에 있어서 간사한 사람을 미리 잘라 버린다는 뜻이다. 현실에서는 문제의 소지가 있는 것들을 미리미리 제거해 안정을 취하고 미래의 문제점을 막으라는 조언이다. 하지만 많은 사람들이 이러한 일은 뒤로 미루면서 귀찮아하곤 한다. 모든 문제는 막상 닥쳤을 때 처리하는 것보다는 사전에 해결하는 것이 훨씬 더 쉽다. 늘 최적의 상태를 유지하려는 자세를 갖춘다면 문제가 생겼을 때에도 훨씬 빠르게 회복할 수 있다.

蚤	絶	姦	萌
蚤	絶	姦	萌

- 스스로에게 한 약속 중 끝까지 지킨 것은 무엇인가?

- 한때 간절했던 결심은 지금 어떻게 되었는가?

탁월한 집중력이
현대인의 주요 무기다

주일무적 主一無適

주인 **주**   한 **일**   없을 **무**   알맞을 **적**

하나를 위주로 하고 움직이지 않는다

현대인을 산만하게 하는 일은 너무도 많다. 특히 SNS는 짧고 강렬한 즐거움을 주지만, 일상의 집중력을 흐트러뜨리는 역할을 하기도 한다. 한번 집중력이 흐트러지면 제자리로 돌아오는 데 시간이 걸리고 더 많은 공력이 들곤 한다. 집중력은 생각보다 강한 힘을 발휘한다. 하루의 시간에 이리저리 잡념을 섞지 않고 집중해보면 효율성이 극도로 높아진다는 사실을 경험하게 될 것이다.

- 멈추지 않고 이어가야 할 '하루의 루틴'은 무엇일까?

- 지금의 나는 어제보다 얼마나 나아졌다고 느끼는가?

두려워하지 말고 담대해야
앞으로 나아갈 수 있다

외수외미 畏首畏尾

두려워할 **외** 머리 **수** 두려워할 **외** 꼬리 **미**

목을 움츠리고 꼬리를 사린다

걱정과 두려움은 확산되는 특징을 가지고 있다. 하나가 두려우면 또 하나가 걱정되고, 그러다 보면 온통 불안에 사로잡히게 된다. 고사성어의 모습처럼 목이 움츠러들고, 온몸을 사리게 된다. 여기에서 벗어나기 위해서는 의도적으로 담대함을 갖추려는 용기가 필요하다. 힘들어도 뚫고 나갈 수 있는 생각, 반드시 이길 수 있다는 마음으로 자신을 위로하고 보듬는다면 걱정과 불안에서 조금씩 벗어날 수 있다.

畏 首 畏 尾

畏 首 畏 尾

- 걱정이 꼬리에 꼬리를 물고 불안해진 경험이 있는가?

- 담대한 마음가짐을 가지고 나아가기 위해서는 어떻게 해야 할까?

모욕이나 굴욕도
참을 수 있어야만 한다

타면자건 唾面自乾

침 뱉을 **타** 얼굴 **면** 스스로 **자** 마를 **건**

얼굴에 침을 뱉어도 닦지 않고 스스로 말리다

　어떤 모욕이나 굴욕도 묵묵히 참으며 끝내 자신이 이루고자 하는 것으로 향하는 모습을 비유하고 있다. '극한의 인내심'이라고 할 수 있다. 성공한 모든 사람의 특징 중 하나는 바로 이러한 극한의 인내심이다. 일정한 경지에 오를 때까지 한없이 견디면서 불굴의 정신을 가져야만, 결국 스스로 원하는 것을 손에 쥘 수 있을 것이다.

- 억울함이나 모욕감을 느낀 경험이 있는가?

- 감정 폭발하기 직전 나를 멈추게 했던 생각이나 태도는?

딱 한 번, 자신을 넘어서는 경험을 해 보자

자승자강 自勝者強

스스로 **자** 이길 **승** 놈 **자** 강할 **강**

스스로를 이기는 사람이 강한 사람이다

자신을 극복하는 것이 얼마나 어려운지를 경험해보았을 것이다. 사람에게는 무의식적인 습관과 성향이라는 것이 있어서 이를 거스른다는 것은 참으로 불편한 일이며, 쉽지가 않다. 그래서 늘 자신이 했던 결심을 무너뜨리고 의지를 꺾게 된다. 하지만 딱 한 번이라도 제대로 이겨본다면 그다음부터는 자신을 극복하는 일이 훨씬 더 쉬워지게 된다.

自 勝 者 強

自 勝 者 強

• 자신에게는 어떤 좋지 않은 습관이 있는지 적어보자.

• 자신을 넘어서는 경험을 하기 위해서 어떤 도전을 해 볼 수 있을까?

경각심을 잃어버리면
위험에 처할 수밖에 없다

연작처옥 燕雀處屋
제비 **연** 참새 **작** 곳 **처** 집 **옥**

처마 밑에 사는 제비와 참새

안락한 생활에 빠져서 경각심을 잃어버리고 앞으로 닥쳐올 재앙을 예측하지 못하는 것을 의미한다. 우리의 생각은 대체로 현재에 머물러서 지금 안전하거나 괜찮다고 생각하면 미래도 그럴 것이라고 미루어 짐작하곤 한다. 하지만 미래는 절대 우리의 생각처럼 진행되지는 않는다. 언제든 지금의 상황이 급변할 수 있다는 점을 염두에 두고 위험에 대비해야 한다.

燕 雀 處 屋

燕 雀 處 屋

• 나의 시야를 넓혀준 새로운 관점이나 사람이 있었는가?

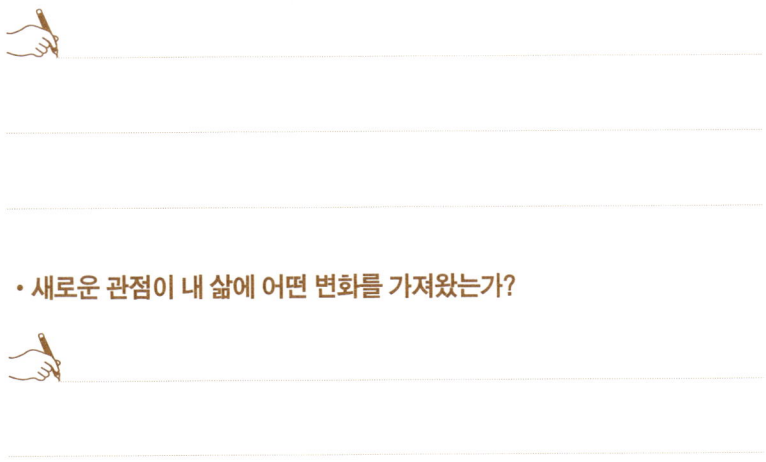

• 새로운 관점이 내 삶에 어떤 변화를 가져왔는가?

설렘과 들뜸은 잠시,
착실함의 미덕을 갖춰야 한다

각답실지 脚踏實地

다리 **각**　밟을 **답**　열매 **실**　땅 **지**

발이 실제로 땅에 붙었다

착실하게 일을 진행하는 것을 말한다. 물론 우리의 발은 늘 땅에 붙어 있지만, 때로 마음이 붕 뜨는 경우도 있다. 지나치게 설레거나 혹은 미래에 대한 희망에 너무 부풀어서 안정을 찾지 못하곤 한다. 그러면 탄탄하고 착실한 하루하루를 살아가기 쉽지 않다. 설렘과 들뜸도 인생에서 느끼는 행복한 경험이지만, 너무 과도하면 불성실해질 가능성도 있음을 염두에 두어야 한다.

- 혹시 쉽게 들뜨거나 설레는 감정에 휩싸여 중심을 잃은 적은 없는가?

- 단단하고 착실한 하루를 만들어가기 위해서는 어떤 태도가 필요할까?

비판을 받아들이기 힘들면 변화도 힘들다

호질기의 護疾忌醫

보호할 **호**　병 **질**　꺼릴 **기**　의원 **의**

병을 숨겨 의사에게 보여 주지 않는다

　자신의 결점이나 잘못을 인정하지 않고, 고치려고도 하지 않는 태도를 의미한다. 특히 타인으로부터 듣게 되는 지적이나 충고를 회피하는 경우도 많다. 머리로는 이해하지만, 가슴으로 받아들이지 못하고 현실적인 변화를 위한 노력을 하지 못한다. 이런 태도로는 새로운 발전이나 변화를 도모하기 어렵다. 당장 듣기 싫고 바꾸기 귀찮더라도 타인의 비판이나 조언이 나에게는 매우 훌륭한 약이 될 수 있다.

護 疾 忌 醫

護 疾 忌 醫

- 타인의 비판이나 충고를 들을 때 어떤 감정이 드는지 되돌아보자.

- 스스로 알고 있는 문제를 외면하고 있는 것은 무엇인가?

무겁고 힘든 시간을 거쳐야
끝내 이룰 수 있다

철저마침 鐵杵磨鍼

쇠 **철**   공이 **저**   갈 **마**   바늘 **침**

쇠공이를 갈아서 바늘을 만들다

　꾸준하고 장기적인 시간을 견뎌야 마침내 자신이 원하는 것을 이루어낸다는 의미이다. 무엇이든 쉽고 빠르게 얻어지는 것은 또한 쉽고 빠르게 사라지곤 한다. 온전히 내 것이라기보다는 그저 스쳐 지나갈 뿐이다. 하지만 오랜 시간 정성을 들이고 기꺼이 자신을 희생하면서 만들어낸 것들은 어떤 상황에서도 쉽게 사라지지 않는다. 무겁고 힘든 시간을 견뎌 나가는 능력은 인생에서의 큰 영광을 얻기 위한 매우 소중한 덕목이 될 수 있다.

鐵	杵	磨	鍼
鐵	杵	磨	鍼

• 오늘 내가 이어갈 인내와 노력은 무엇인가?

• 힘들고 지친 순간마다 내게 힘이 되어주는 말은?

프로의 경지에 오르기 위한 반복의 중요성

숙능생교 熟能生巧

익을 **숙**   능할 **능**   날 **생**   정교할 **교**

숙련되면 기교가 생길 수 있다

익숙해지면 능숙하게 되고, 점점 정교해질 수 있다는 뜻이다. 현재 자신이 무엇인가 잘하는 것이 있다면, 아마도 수없이 반복하고 또 반복했을 것이다. 이러한 과정에서 더욱 정교해지고 끝내 프로의 단계에 오르게 된다. 새로운 능력을 갖추고 더 나은 나를 만들고 싶다면, 역시 반복하는 과정이 필요하다. 이렇게 해서 나의 마음과 몸에 완전히 익게 되면 비로소 과거에는 하지 못했던 새로운 경지에 도달할 수 있게 된다.

熟 能 生 巧

熟 能 生 巧

- 새로운 것을 배우고 익히기 위해 충분히 반복하고 있다고 생각하는가?

- 요즈음 내 삶에 '연습 중'이라고 느끼는 영역은?

외로움은 더 큰 세상으로
나가기 위한 집중의 시간이다

십년한창 十年寒窓

열**십** 해**년** 찰**한** 창**창**

10년간 차가운 창문

홀로 외로움을 견디고 이겨 나가야 비로소 학문을 성취할 수 있다는 의미이다. 실로 사람들을 가장 괴롭게 하는 것 중 하나가 바로 외로움이다. 혼자 있다는 느낌, 세상에서 멀어져 버린 듯한 느낌은 참으로 견디기 어렵다. 하지만 이러한 상황을 견디지 못한다면, 자신의 분야에서 깊은 성취를 하기 힘든 것이 사실이다. 외로움은 결코 내가 세상에 버려진 것이 아니라, 더 큰 세상으로 나아가기 위한 집중의 시간이라는 사실을 알아야 한다.

十 年 寒 窓

十 年 寒 窓

- 지금 어떠한, 긴 호흡의 준비를 묵묵히 이어가고 있는가?

- 오랜 기다림 끝에 어떤 내가 되어 있기를 원하는가?

많은 것을 이루기 위해서는 강한 뜻으로 무장하라

유지경성 有志竟成

있을 **유**　뜻 **지**　마침내 **경**　이룰 **성**

뜻이 있으면 마침내 이룰 수 있다

여기에서의 '뜻(志)'은 변하지 않는 결심을 의미한다. 결심은 마음속에서만 이뤄지는 것이기 때문에 언젠가 빛이 바라고, 약해질 수 있다. 물론 결심만 한다고 반드시 이뤄진다고 할 수는 없지만, 결심조차 없으면 아무것도 이뤄지지 않는다. 변하지 않기 위해서는 늘 초심을 유지하고 그것을 실천해 나가야 한다. 상황이 편해졌다고 마음까지 해이해져서는 안 된다. 상황의 변화와 상관없이 나의 뜻은 항상 처음에서 다시 시작해야 한다.

有 志 竟 成

有 志 竟 成

- 과거 경험 중 내가 끝까지 해냈다고 느꼈던 일은?

- 스스로를 끈기 있는 사람이라고 생각하는가?

PART 2

목표와 성취
처음부터 손쉽고 빠르게 이루어지는 일은 없다

"할 수 있다고 믿든 할 수 없다고 믿든,
자신이 믿는 대로 될 뿐이다"

어디로 가고 싶은지를 모른다면, 그 어떤 길도 무용지물일 뿐이다. 단 한 번 살아가는 인생에서 자신만의 목표를 설정하고, 그것의 성취를 위해 노력하는 것 자체가 위대한 일이다. 중간중간 힘들고 포기하고 싶을 때도 있겠지만, 포기하지 않으면 결국 해낼 수 있다는 것이 인생의 진리이기도 하다. 이 과정에서 가장 중요한 것은 바로 자신에 대한 믿음이다. 스스로를 믿지 못하면 그 어떤 실천도 할 수 없고, 의구심이 가득한 채 실천한다면 결국 성과를 얻을 수 없기 때문이다.

거침없이 뻗어나가겠다는
기세가 성공의 출발점이다

흉회대지 胸懷大志

가슴 **흉**   품을 **회**   큰 **대**   뜻 **지**

가슴에 큰 뜻을 품다

목표를 이뤄내기 위해서는 언제나 가슴에 원대한 뜻을 품어야 하는 법이다. 처음부터 작아진 마음, 소심한 상태에서는 무슨 일을 하든 제대로 마무리 짓기가 힘든 법이다. 그래서 세상의 많은 일은 기세가 결정하기도 한다. 거침없이 뻗어나가겠다는 의지, 그 어떤 어려움도 반드시 이겨내겠다는 마음이야말로 성공의 출발점이다.

胸 懷 大 志

胸 懷 大 志

- 지금 내 가슴속에 품고 있는 '큰 뜻'은 무엇인가?

- 지금 내가 하고 있는 일은 '큰 뜻'과 연결되어 있는가?

사소한 것을 포기하지 않으면 결국 빈손이 된다

기자쟁선 棄子爭先

버릴 **기** 자식(기물) **자** 다툴 **쟁** 먼저 **선**

사소한 것을 버려 더 큰 것을 쥐어라

바둑에서는 작은 돌을 버림으로써 더 큰 것을 쥐어야 승리할 수 있다고 말한다. 원하는 모든 것을 이뤄내는 사람은 없다. 버릴 것은 버려야만 큰 것을 잡을 수 있고, 비로소 상황을 내 것으로 만들고, 전체의 판을 자신의 것으로 가져올 수 있다. 이러한 것이야말로 진정한 의미에서의 '전략'이라고 할 수 있다. 버릴 것과 버리지 않을 것을 파악하는 일이 먼저이다.

棄 子 爭 先

棄 子 爭 先

- 작은 것에 집착하다 큰 것을 잃어버린 경험이 있는가?

- 욕심을 내려놓기 위해 나는 어떠한 태도를 가져야 하는가?

서로 협력하지 않으면 성취는 불가능하다

각자위정 各自爲政

각각 **각** 스스로 **자** 할 **위** 정사 **정**

저마다 스스로의 정치를 한다

각자가 자신만을 위한 정치를 하게 되면 이뤄지는 것은 아무것도 없다. 세상 대부분의 일은 협력을 통해서 이루어지기 때문이다. 따라서 나의 의지와 능력을 앞세우기보다는, 어떻게 하면 상대편과 함께 협력해서 일을 잘 꾸려 나갈 수 있는지부터 생각해야 한다. 이렇게 하면 비록 중간에 문제가 생기더라도 계속해서 수정하고 맞춰가면서 끝내 목표를 달성할 수 있을 것이다.

各 自 爲 政

各 自 爲 政

- 협력이 어려워 무산된 경험이 있다면?

- 협력을 잘 이끄는 사람의 태도란 무엇인가?

끝까지 버티는 사람이
결국 승리할 수 있다

부우완항 負隅頑抗

질 **부**   모퉁이 **우**   완고할 **완**   겨룰 **항**

산모퉁이를 등지고 완강하게 저항하다

인생에서 '모퉁이'는 위기, 불안함을 말한다. 비록 처음에 자신 있게 일을 시작했다고 하더라도 언제든 위기가 닥쳐오고 끝날 때까지 불안이 완전히 가시지는 않는다. 그래서 늘 끝까지 버티겠다는 마음을 가지고 일을 완수할 때까지 견디는 자세가 필요하다. 그래야만 비록 단기적으로 실패하더라도 다음에 새로운 기회를 잡을 수 있다.

負隅頑抗

負隅頑抗

- 마지막 2%가 부족해서 아쉬웠던 경험이 있는가?

- 끝까지 버티기 위해 나는 어떠한 마음을 가져야 하는가?

큰 목표를 이루려면 반드시
작은 것부터 시작해야 한다

등고자비 登高自卑

오를 **등** 높을고 스스로 **자** 낮을 비

높이 오르려면 낮은 곳에서 출발한다

에베레스트와 같은 높은 산도 결국에는 낮은 지대에서 시작되는 한 걸음, 한 걸음에 의해서 정복될 수 있다. 다만 이때 우리에게 절실하게 필요한 것이 바로 평정심이다. 처음부터 너무 빨리 달리려고 하다 보면 금세 지치고, 힘들어져서, 이내 포기하게 된다. 차분한 마음가짐으로 작은 것, 사소한 일부터 잘 해내야 한다.

- 지금 당장 실천할 수 있는 가장 작은 목표는 무엇인가?

- 꾸준함을 위한 평정심은 어떻게 기를 수 있을까?

신속하게 하지만
급하게 해서는 안 된다

욕속부달 欲速不達

하고자 할 **욕**　빠를 **속**　아닐 **부**　통달할 **달**

빨리하려고 하면 도달할 수 없다

지금은 속도의 시대이다. 모든 것은 빠르게 진행되고, 세상도 빠르게 변한다. 하지만 내 마음의 속도만큼은 그렇게 빨라서는 안 된다. 마음만 급해지면 결국에는 빠뜨리는 것이 많아진다. 빈틈이 자꾸만 생겨 전진하는 과정에서 계속해서 브레이크가 걸리기 때문이다. 급할수록 돌아가라는 말은 바로 이러한 문제점을 예방하기 위해서이기도 하다. 목표를 신속하게 달성하려는 계획은 세워야겠지만, 너무 급하게 하려고 해서는 안 된다.

欲 速 不 達

欲 速 不 達

- 서두르다 실수했던 경험이 있다면 떠올려 보자.

- 지금 나에게 필요한 것은 속도인가, 방향인가?

행복한 결말을 생각하면
오늘의 고통을 줄일 수 있다

망매해갈 望梅解渴

바랄 **망** 매화나무 **매** 풀 **해** 목마를 **갈**

매실을 생각하며 갈증을 푼다

갈증이 너무 심할 때 매실을 생각하면 입에 침이 고이면서 잠시나마 갈증을 이길 수 있다는 의미이다. 지금 가고 있는 길이 너무 힘들다고 생각하면, 잠시 그 길의 끝에서 만날 행복감을 떠올리는 일도 필요하다. 현재 느끼는 긴장감과 스트레스를 줄일 수 있고, 최종적으로 자신이 얻게 될 성과를 생각하다 보면 더욱 자신에게 동기를 부여할 수도 있다. 그 행복한 끝을 생각한다면, 오늘의 고통도 조금은 줄어들 수 있을 것이다.

望 梅 解 渴

望 梅 解 渴

- 지칠 때 나는 어떤 상상이나 목표로 마음을 달래는가?

- 힘들 때 나를 버티게 하는 위로는 무엇이었나?

타인의 사례를 보며
오늘의 나를 다져야 한다

은감불원 殷鑑不遠

은나라 **은**   거울 **감**   아니 **불**   멀 **원**

은나라의 거울이 멀리 있지 않다

　은나라의 멸망을 교훈 삼아 보다 훌륭한 국가를 이끌어 가야 한다는 의미이다. 우리 인생에서도 본보기로 삼을 만한 일들은 숱하게 많다. 주변 사람들이 겪은 실수, 고통을 자세히 들여다보면 분명 자신은 그러한 문제를 어떻게 뚫고 나갈 수 있을지 알 수 있다. 자신의 길에만 매몰되지 말고, 남들이 앞서간 길을 보면서 계속해서 오늘의 나를 수정하며 바른길을 찾아 나가야 한다.

殷 鑑 不 遠

殷 鑑 不 遠

- 최근에 주변에서 본보기로 삼을 만한 사례가 있었는가?

- 같은 실수를 반복하지 않기 위해 점검해야 할 부분은?

능력의 여부에 얽매이지 말고 꾸준함을 길러야 한다

노마십가 駑馬十駕

둔한말 노　말 마　열 십　멍에 가

둔한 말도 열흘 동안 수레를 끌 수 있다

'둔한 말'은 능력이 뛰어나지 않은 말을 말한다. 그럼에도 불구하고 마차를 열흘은 능히 끌 수 있다고 하니, 사람으로 치면 뛰어난 능력이 없어도 노력 여하에 따라서 얼마든지 평균 이상의 일들은 해낼 수 있다는 의미이다. 자신에게 능력이 있느냐 없느냐는 중요하지 않다. 얼마나 지속적인 노력을 기울이냐가 목표에 다가서는 결정적인 힘이 되어줄 것이다.

駑 馬 十 駕

駑 馬 十 駕

- 누군가의 경험을 믿고 따라했던 순간은?

- 경험에서 비롯된 나만의 강점은 무엇인가?

무작정 따라 하지 말고
자신만의 성공 노하우를 만들라

서시빈목 西施嚬目

서시(여자 이름) 찡그린 **빈** 눈 **목**

서시의 찡그린 눈

절세미녀로 알려진 '서시'라는 여자의 찡그린 얼굴을 의미한다. 그녀는 가슴앓이 질병이 있어서 얼굴은 예뻤지만 늘 미간이 찌푸려져 있었다고 한다. 하지만 뭇 여성들은 그녀의 찡그린 얼굴을 따라 하면 자신도 예뻐질 것이라 생각했다. 이는 무작정 남들을 따라 했을 때의 부작용을 말해준다. 초기에 모방은 도움이 될 수 있지만, 거기에만 머문다면 자신만의 노하우를 만들기는 힘들다. 자신만의 생각, 철학, 신념으로 무장해야 할 필요가 있다.

西	施	嚬	目
西	施	嚬	目

- 겉모습이 아닌 내면의 나다움은 어떤 모습일까?

- 나는 누구를 닮고 싶은가? 이유는 무엇일까?

과거에서 배워야만
두 배의 추진력을 갖출 수 있다

제구포신 除舊布新

덜 제 옛 구 펼칠 포 새 신

낡은 것을 제거하고 새로운 것을 펼친다

과거에 지나치게 얽매일 필요는 없지만, 결국 새로운 미래 역시 과거의 교훈에서부터 시작된다. 낡은 것을 제거하는 일은 과거를 덮고 모른 채 하는 것이 아니다. 철저한 미래의 교훈을 얻는 일이다. 이렇게 할 때 우리는 두 배 이상의 빠른 추진력을 얻을 수 있다. 과거의 잘못을 되풀이하지 않을 것이다. 거칠 것 없이 자신의 목표를 향해 나아갈 수 있기 때문이다.

除 舊 布 新

除 舊 布 新

- 내 삶에서 과감히 비워내야 할 낡은 습관은?

- 새로운 시작을 위한 정리는 어디서부터 해야 할까?

꺾이지 않으려면
조금은 천천히 가도 된다

불요불굴 不撓不屈

아닐 **불** 흔들 **요** 아닐 **불** 굽을 **굴**

흔들리지도 않고 굽히지도 않는다

자신의 목표를 추구하다 보면 늘 어려움이 따르고 포기하고 싶은 유혹에 시달릴 때가 있다. 이럴 때는 차라리 한 템포 쉬어가는 일도 필요하다. 계속해서 의무감에만 사로잡혀 스스로를 지치게 만든다면 결국 번아웃에 이를 수 있기 때문이다. 끝까지 굽히지 않고 굴복하지 않기 위해서라도, 자신에게 휴식을 주면서 조금씩 천천히 가는 방법도 생각해 보아야 한다.

不 撓 不 屈

不 撓 不 屈

- 과거 번아웃 때문에 많이 힘들었던 때와 그 이유를 한번 떠올려보자.

- 지금 내가 꺾이지 않고 지켜야 할 것은 무엇인가?

잘못을 고치는 건 좋지만, 전체를 망칠 수는 없다

교각살우 矯角殺牛

바로잡을 **교**   뿔 **각**   죽일 **살**   소 **우**

뿔을 바로잡으려다 소를 죽인다

잘못한 일을 바로잡는 것은 분명 매우 중요하다. 하지만 사소한 잘못에 지나치게 집착해서 더 큰 것을 희생하거나 전체를 망칠 수는 없다. 우리 속담에 "빈대 잡으려다 초가삼간 태운다."라는 말과 같다. 잘못을 고치더라도 늘 전체를 염두에 두어야 한다. 또한 그것으로 인한 부작용도 동시에 생각해야 할 필요가 있다.

矯 角 殺 牛

矯 角 殺 牛

- 잘못을 바로잡으려다가 더 큰 문제를 일으킨 적이 있는가?

- 전체를 살리기 위해 내려놓아야 할 나의 집착은?

단기 처방에 의지하지 말고 어려워도 장기 처방을 해야 한다

교자채신 教子採薪

가르칠 **교** 아들 **자** 캘 **채** 땔나무 **신**

아들에게 땔나무 캐는 법을 가르친다

자녀에게 땔나무를 구하는 방법을 알려준다는 의미이다. 본질적으로는 장기적인 안목을 가지고 근본적인 처방을 해야 한다는 내용이다. 실제로 우리가 문제를 해결하는 방법은 다양한 차원에서 접근이 가능하다. 가장 대표적으로 단기적인 처방과 장기적인 처방이 있다. 물론 장기적인 처방을 하고 문제를 해결하는 일이 훨씬 더 어려운 일이다. 만약 늘 단기적 처방에 기댄다면 결국에 더욱 큰 문제가 한꺼번에 들이닥칠 것이다.

教 子 採 薪

教 子 採 薪

- 내가 고생하면서 배운, 가장 값진 교훈은?

- 누군가를 위해 너무 많은 걸 대신 해준 적은 없는가?

책과 사람을 통해
끊임없이 시야를 확장하라

이관규천 以管窺天

써 이   대롱 관   엿볼 규   하늘 천

대롱을 통해 하늘을 엿본다

"좁은 대롱을 통해서 하늘을 엿본다."라는 뜻이다. 좁은 시야로 세상을 재단해서는 안 된다는 의미이다. 우물 안에 있는 개구리는 우물만큼의 하늘만 존재한다고 여긴다. 결국 사람도 자신이 아는 만큼의 세상만 볼 뿐이다. 이러한 좁은 시야에서 벗어나기 위해서는 결국 끊임없이 책을 통해 배우고 사람을 통해 교훈을 얻어야만 한다. 하루라도 젊을 때부터 이러한 노력을 기울여야 점점 나이가 들면서 더 훌륭한 지혜를 갖춘 사람으로 성장할 수 있다.

以 管 窺 天

以 管 窺 天

- 과거의 좁은 안목으로 인해 실수했던 적이 있는가?

- 배움을 통해 교훈을 얻기 위해서는 앞으로 어떻게 해야 할까?

남을 흉내 내지 말고
나만의 걸음으로 나아가라

한단지보 邯鄲之步

한단(지방 이름)　어조사 **지**　걸음 **보**

한단 지방의 걸음걸이

　남의 걸음걸이를 따라 하다가 자신의 걸음걸이마저 잊게 된다는 의미이다. 우리는 각자 다른 성격과 스타일을 가지고 세상에 태어났음에도 불구하고 자신의 꿈과 목표가 아닌 다른 사람의 꿈과 목표를 마치 자신의 것인 양 따라 하곤 한다. 부모로부터 강요된 것일 수도 있지만, 나의 본심보다 사회적인 인정을 추구한 탓이기도 하다. 이럴 때는 인생이 공허해지고 만족감을 얻지 못한다. 그 무엇이든 자신을 만족시키는 주체적인 목표를 추구해야 한다.

- 타인의 결정으로 원하지 않던 선택을 한 적이 있었나?

- 그때의 감정을 적어보고, 앞으로는 어떻게 해야 할까?

앞의 것이 채워지지 않으면, 뒤의 것도 채워지지 않는다

영과후진 盈科後進

찰 영   과목 과   뒤 후   나갈 진

구멍을 가득 채운 후에야 나아간다

그 무엇이든 빠르게 속성으로 하지 말고 차근차근해야만 전진할 수 있다는 의미이다. 세상의 모든 일에는 선행되어야 하는 것이 있다. 만약 이것이 제대로 이루어지지 않는다면, 나머지는 결국 모래성과 같은 것일 뿐이다. 처음에 느릿느릿 가는 것처럼 보여도 선행해야 하는 일을 단단히 세우는 것이 곧 더 훌륭한 결과를 위한 출발점이다. 또한 먼저 있어야 할 것을 단단하게 만들면, 뒤에 오는 것도 자연스럽게 단단해질 수가 있는 법이다.

盈 科 後 進

盈 科 後 進

- 해야 할 것을 하지 않아, 나중에 문제가 생긴 일은?

- 이런 문제를 발생시키지 않기 위해 어떻게 해야 할까?

너무 먼 미래를 보며
무력감에 사로잡힐 필요는 없다

망양지탄 望洋之歎

바랄 **망** 큰 바다 **양** 갈 **지** 탄식할 **탄**

큰 바다를 바라보며 탄식한다

자신의 능력으로 해결하기 힘든 큰 문제를 마주했을 때 느끼는 무력감을 표현하고 있다. 가끔씩 '인생이 정말 버겁다'는 것을 느끼곤 한다. 그때는 내가 너무 무능력한 것은 아닌가, 나는 왜 이 정도밖에 되지 않는가를 생각하며 공허한 마음에 시달릴 수도 있다. 하지만 나만 그런 것은 아니다. 누구나 그런 순간이 있고, 절망감에 힘들어한다. 그럴 때마다 우리가 해야 할 것은 자신에 대한 지치지 않는 믿음이다. 조금씩이라도 괜찮으니 자신을 믿고 계속 전진해야 한다.

- 미래를 생각하는 것만으로도 지친 경험이 있는가?

- 오늘에 충실하기 위해서는 어떤 태도가 필요한가?

마음에 분명한
시나리오를 그려야 한다

흉유성죽 胸有成竹

가슴 흉 있을 유 이룰 성 대 죽

가슴 속에 이미 대나무가 완성되어 있다

어떤 일을 하기 전에 이미 충분한 계획이 서 있고 시나리오가 그려져 있다는 의미이다. 일을 해나가는 데 있어서 돌발변수에 대응하는 순발력도 중요하지만, 전체적인 시나리오가 나의 머릿속에 그려져 있을 때 가능한 일이다. 아무런 생각 없이 무엇인가를 추진했다가 변수에 허둥지둥 황망해하며 무너지기 마련이다. 시간이 다소 걸리더라도 생길 수 있는 여러 변수를 염두에 두면서 준비해야 한다.

胸	有	成	竹
胸	有	成	竹

- 준비 없이 나섰다가 후회했던 경험은?

- 계획과 실행 사이에서 내가 자주 놓치는 것은?

창의적인 관점을 잃어서는 안 된다

일수사견 一水四見

한일 물수 넉사 볼견

하나의 물이 네 가지로 보인다

같은 물을 보더라도 다양한 관점으로 볼 수 있다는 의미이다. 어떤 이에게 물은 갈증을 해소해주는 것이다. 또 어떤 이에게는 누군가에게 모욕을 주기 위해 뿌릴 수 있는 것이기도 하다. 어떤 관점으로 보느냐에 따라서 세상은 완전히 달라진다. 하나의 고정된 편견에만 얽매여서는 안 된다. 주어진 상황을 창의적으로 바라보는 관점을 가져야만 비로소 더 탁월한 문제해결력, 성취력을 만들 수 있다.

- 같은 상황을 다르게 받아들인 경험이 있나요?

- 다른 관점을 이해하는 연습은 어떻게 해야 할까?

당장의 효율성만 따져서는 안 된다

갈택이어 竭澤而漁

마를 **갈** 못 **택** 어조사 **이** 고기잡을 **어**

연못의 물을 말려서 물고기를 잡는다

연못에 있는 고기를 모조리 잡기 위해서는 연못의 물을 말려버리는 것도 하나의 방법일 수 있다. 하지만 문제는 지속 가능성이다. 한번 이렇게 물고기를 잡아버리면 물고기가 살 수 없으니 앞으로 잡을 일은 없다. 당장 효율적으로 보이고, 눈앞에서는 이익이 되는 방법이 있다. 하지만 과연 그 방법을 썼을 때에 지속 가능한지도 한번 살펴봐야 한다.

- 내 에너지를 모두 쏟아놓고 후회한 적이 있나요?

- 내가 선택한 방법을 오래 지속하려면 어떻게 해야 하는지 적어 보자.

언제나 외형보다
내실을 더 탄탄히 하라

양질호피 羊質虎皮

양**양** 바탕**질** 호랑이**호** 가죽**피**

양의 몸에 호랑이 가죽을 걸치다

겉모습은 화려하지만 내실이 빈약하다는 의미이다. 보통 내실이 충실하다면 그 자연스러운 멋과 매력이 외형으로도 발산된다. 문제는 너무 급하게 외형부터 화려하게 꾸미려는 마음이 앞설 때다. 노력 없이 남에게 인정받고 싶어 하고, 성급하게 자신이 성공했음을 알리고 싶어 한다. 하지만 온전한 성공을 이룰 때까지 자제하며 내실을 채우지 않으면 진정한 성공은 요원할 뿐이다.

羊 質 虎 皮

羊 質 虎 皮

- 조급한 마음에 '성공한 척'하고 싶은 유혹에 흔들린 적은 없는가?

- 지금 내가 쌓고 있는 것이 단단한 내실이 되기 위해서는 어떻게 해야 할까?

마지막 10%가
그간 쌓은 공을 무너뜨린다

공휴일궤 功虧一簣

공 **공**   어질러질 **휴**   한 **일**   삼태기 **궤**

쌓은 공이 한 삼태기로 무너진다

어렵고 힘들게 이뤄 놓은 것들이 작은 것으로 인해 무너진다는 교훈이다. 일의 90%까지 성과를 올려도 최후의 노력이 부족하면 모든 것이 무용지물이 되어버리는 경우가 흔하다. 사람의 명성도 마찬가지이다. 그리 대단하지 않은 일로 인해 평생의 명성이 사라지기도 한다. 결국 늘 조심하고 경계하면서 끝까지 뻗어 나가는 자세가 필요하다.

功虧一簣

功虧一簣

- 마지막 한 걸음의 태도가 부족해서 일을 완성하지 못한 적이 있었는가?

- 성공이 가까워진다고 생각할수록, 어떤 부분을 조심해야 할까?

자신의 현실부터
냉정하게 파악해야 한다

안어양양 晏御揚揚

안어(사람 이름)　오를 **양**　오를 **양**

안영이라는 마부가 날아오를 듯 기세등등하다

지나치게 자만하고 만족스러워하는 모습을 꼬집고 있다. 물론 자신의 현실에 만족하고 감사하는 마음을 가져야 하겠지만, 그것이 자만으로 이어져서는 안 된다. 목표로 향하는 동력을 잃게 만들고, 자신에 대한 동기부여가 줄어들 수도 있기 때문이다. 마음은 감사로 가득하지만, 늘 현실을 냉정하게 직시하는 자세를 잊어서는 안 된다.

晏 御 揚 揚

晏 御 揚 揚

• 편안함과 준비 중에서 우선 순위를 둔다면?

• 편안할 때 위기를 대비하려면 어떤 습관이 필요할까?

남들 앞에 나서기 전에
자신의 실력부터 키워라

낭중지추 囊中之錐

주머니 **낭** 가운데 **중** 어조사 **지** 송곳 **추**

주머니 속의 송곳

　재능이 뛰어난 사람은 숨어 있어도 저절로 남들 앞에 드러나는 것을 의미한다. 이렇게 되려면 남들 앞에 나서려는 노력보다는 실력부터 충분히 갖추어야 한다. 이것이 전제되지 않는다면 결국 사람들에게 웃음거리가 되고 다시 나설 수 있는 기회를 빼앗길 수도 있다. 당장 남들 앞에 나서서 것보다, 숨어서 실력을 기르는 것이 나중에 훨씬 더 큰 이익이 될 수 있다.

- 지금 내가 감춰두고 있는 능력은 무엇인가?

- 묵묵히 실력을 닦고 있는 후배에게 전하고 싶은 메시지는?

엿보기만 해서는 실천이 없다

수서양단 首鼠兩端
머리 수   쥐 서   두 량   끝 단

구멍에서 쥐가 목을 내밀까 말까 한다

결정을 내리지 못하고 망설이는 것을 비유하고 있다. 무엇인가를 선택할 때 우리는 많은 생각을 한다. 하지만 일단 한번 결론이 나면 주저 없이 실행에 옮겨야 목표를 성취할 가능성이 높아진다. 계속해서 생각만 한다면 결국 부정적인 생각이 점점 강해지기 때문이다. 모든 것을 예상하고 행동할 수는 없으니 전체적인 방향이 맞다면 곧바로 실천하는 행동력을 갖춰야 한다.

首 鼠 兩 端

首 鼠 兩 端

- 신중한 것과 우유부단한 것은 어떻게 다를까?

- 결정을 잘하는 사람은 무엇이 다를까?

소신을 지킨다는 이유로
타인의 의견을 무시하지 마라

묵적지수 墨翟之守

(사람 이름)**묵적** 어조사 **지** 지킬 **수**

묵적이 지키다

묵적이라는 장수가 전투에서 아홉 번이나 성을 지킨 것에서 유래한 고사성어이다. 견고한 수비를 의미하는 말이기는 하지만, 지나치게 융통성 없이 자신의 주장을 내세우고 소신을 지키려고 하는 답답한 상황을 표현하기도 한다. 평소 자신의 주장이나 소신도 없이 살아갈 수는 없다. 그렇다고 타인의 말은 아예 무시하면서 자신의 방식만 고집해서는 안 된다. 타인의 의견을 받아들이고 조율하는 자세에서 더 빠른 길을 찾아낼 수도 있기 때문이다.

- 지금 이 순간, 당신이 끝까지 붙잡고 싶은 가치는?

- 믿음이 세면 고집일까요, 신념일까요?

자신의 머리로
주체적으로 생각하라

격물치지 格物致知

이를 **격** 만물 **물** 이를 **치** 알 **지**

사물의 원리와 본질을 끝까지 탐구해서 진정한 지식에 이른다

가끔은 세상에서 논해지는 여러 가지 이야기들을 의구심 없이, 너무도 쉽게 받아들이는 경우가 있다. 자신의 머리로 원리와 본질을 탐구하는 것이 아니라 남들의 말만 듣고 그것이 전부인 양 믿어버리는 경우가 많다. 하지만 그렇게만 해서는 주체적인 삶을 살아가기 힘들고, 언제나 남의 말에 좌우되는 인생을 살게 된다. 스스로 생각하고 탐구하는 노력을 멈추지 않아야 한다.

格 物 致 知

格 物 致 知

- 하나의 주제를 끝까지 탐구한다면 무엇을 선택할 것인가?

- 탐구는 지식을 위한 것인가, 인간 됨을 위한 것인가?

부당하고 억지스러운 방법으로는 될 일도 안 된다

방기곡경 旁岐曲逕

곁 **방**   갈림길 **기**   굽을 **곡**   지름길 **경**

샛길과 굽은 길

바르고 정당한 방법이 아닌 꼼수와 편법을 통해서 무엇인가를 이루려고 해서는 안 된다는 교훈을 주고 있다. 사실 누구나 이러한 꼼수와 편법에 대한 유혹을 받곤 한다. 해서는 안 된다는 것을 알고는 있지만, 힘들게 많은 노력을 들이고 싶지 않기 때문이다. 하지만 정정당당한 방법이 아니면 훗날 탈이 날 가능성이 크다. 이럴 때는 시간이 걸려도 나중을 생각해 유혹에서 벗어나야 한다.

旁 岐 曲 逕

旁 岐 曲 逕

- 내가 존경하는 사람은 어떻게 '정도'를 지키는가?

- '결과만 좋으면 과정은 상관없다'는 말에 동의하는가?

불가능해보이는 꿈도
이룰 수 있다고 믿어야 한다

우공이산 愚公移山

우공(사람 이름)　옮길 **이**　뫼 **산**

우공이라는 노인이 산을 옮긴다

어리석어 보이지만, 끊임없이 노력하면 반드시 이루어진다는 의미이다. 이런 말들은 진부해보일 수도 있다. 하지만 인생의 진리는 늘 평범하게 보일 뿐, 그것을 실천하기는 무척 어렵다. 남들에게 어리석어 보이는 일이라면, 처음에는 자신에게도 어리석어 보일 수가 있다. 그래서 애초에 뭔가를 시도조차 하지 않는 경우가 많다. 하지만 간절하게 바라는 것이 있다면, 비록 좌절되더라도 노력을 기울여 보는 것도 인생의 소중한 경험이 될 수 있다.

- 오늘 내가 할 수 있는 '한 삽'은 무엇인가?

- 끈기란 타고나는 걸까, 훈련되는 걸까?

때로는 물러설 줄 아는 것도 지혜이다

주위상계 走爲上計

달릴**주** 할**위** 윗**상** 셈할**계**

도망치는 것이 상책이다

우리는 보통 도망가는 것을 부끄러운 일이라고 생각하고, 그것은 용기가 없는 사람이 하는 일이라고 여기기도 한다. 하지만 무작정 앞으로 나간다고 좋은 것도 아니고, 지혜로운 것도 아니다. 뭐든지 억지로 하다 보면 자신에게 해가 될 수도 있기 때문이다. 가끔은 물러서는 지혜를 통해 자신을 돌보고 상황에 대한 냉철한 판단도 해 보아야 한다.

- 끝까지 버텼던 결과가 더 나빴던 적은?

- 요즘 당신에게 빠져나가고 싶은 상황이 있다면?

노력하지 않고 결과를 기다린다는 것은 어리석다

수주대토 守株待兎

지킬 **수** 그루터기 **주** 기다릴 **대** 토끼 **토**

그루터기를 지켜 토끼를 기다린다

우연히 그루터기에 부딪혀 죽은 토끼를 잡은 농부가 계속해서 또 다른 토끼를 기다리는 것을 의미한다. 한 번의 우연한 성공이었음에도 불구하고 그 일이 계속 벌어질 것이라고 기대하는 어리석은 모습을 꼬집는 내용이다. 중요한 것은 자신은 아무런 노력도 하지 않으면서 좋은 결과를 기대하는 것이다. 충분히 노력하고 그 결과를 기대하는 것은 지혜롭지만 그렇지 않은 경우라면 어리석은 헛꿈에 불과하다.

守 株 待 兎

守 株 待 兎

- 지금 내 방식이 꾸준함일까, 고인물일까?

- 한때의 성공 경험이 오히려 걸림돌이 된 적이 있는가?

만용은 상처를 남기고
신뢰도 잃게 한다

당랑거철 螳螂拒轍

사마귀 **당** 사마귀 **랑** 막을 **거** 바큇자국 **철**

사마귀가 수레바퀴를 막는다

자신의 힘을 헤아리지 않고 무모한 용기를 내서는 안 된다는 교훈을 주고 있다. 무모한 용기는 '만용'이라고 불린다. 중요한 점은 내가 이미 충분히 준비가 되었느냐는 점이다. 아직 충분히 준비되지 않았는데 어리석은 용기를 부리다 보면 결국 실패해서 자존감에 큰 상처를 입게 된다. 그러면 주변 사람들에게도 믿음을 주지 못하게 된다. 충분한 준비를 하고, 호흡을 가다듬을 시간을 벌면서 성공의 순간으로 단숨에 도약해야 한다.

• 모두가 말리는 일을 끝까지 해 본 적은?

• 현실이 벽처럼 느껴질 때 맞서는가, 돌아서는가?

상황의 변화에 따라
다양한 방법을 구사하라

권의지계 權宜之計

잠시 **권**(권력 권) 마땅할 **의** 어조사 **지** 계책 **계**

상황에 맞는 적절한 계책

때에 맞춰 적절한 방법을 순발력 있게 사용해야 한다는 의미이다. 이를 순간적인 임기응변이라고 생각해서 다소 꺼릴 수도 있겠지만, 상황이 급변하는 상황에서 무작정 융통성 없이 자신의 방법만 고집하는 것이 더 어리석은 일일 수도 있다. 늘 유연한 자세로 주어진 문제를 하나씩 해결하겠다는 생각을 해야 한다.

權 宜 之 計

權 宜 之 計

- 알면서도 모른 척하고 있는 것은?

- 요즘 붙잡고 있는 가짜 해결책은?

위기의 순간, 지나치게 다급하게 대처하지 마라

우생마사 牛生馬死

소우 살생 말마 죽을사

소는 살고 말은 죽는다

홍수가 나면 말은 물에 잠겨 빨리 다리를 휘젓다가 결국 지쳐서 죽게 되지만, 소는 흐르는 대로 떠내려가다가 육지에 당도해서 살아난다는 의미이다. 이는 위기의 순간 어떻게 대처해야 하는지에 대한 교훈을 주고 있다. 급한 마음에 서둘러 대응하다가는 오히려 더 큰 위기에 처할 수도 있다. 일단 소처럼 마음의 동요 없이 현재의 상황을 관찰하고 미래를 예측하면서 최적의 대안을 찾아내야 한다.

牛 生 馬 死

牛 生 馬 死

- 요즘 내 선택은 외부 시선인가, 내 감각인가?

- 언제든 차분함을 유지하기 위해서는 어떤 태도를 갖추어야 할까?

압도적인 실행력이
결국 목표를 이뤄낸다

궁즉변통 窮則變通

궁할**궁**　곧**즉**　변할**변**　통할**통**

막히면 변하고 통한다

　극한의 상황이라고 할 정도로 최선을 다하면 돌파구가 보이게 되고, 궁극적으로 변할 수 있다는 의미이다. 우리는 실행력이 얼마나 중요한지에 대해서 잘 알고 있지만, 실제로 그렇게까지 하지 못하는 경우가 흔하다. 한두 번 해 보다가 그만두고, 성과가 별로 없을 것 같아 그만둔다. 하지만 이렇게 해서는 변화를 만들어내기 힘들고 목표도 이룰 수 없다. '일단 한번 시작했다면 끝까지 해 보겠다.'라는 실행력을 가져야 한다.

- 불안할 때 사람을 바꿀까, 방향을 틀까. 속도를 줄일까?

- 이번 주에 '방향전환'이 필요할 일이 있다면?

PART 3

마음과 감정 다스리기
감정을 잘 관리하는 것은
곧 내 인생을 관리하는 일이다

"분노는 지혜의 자리를 빼앗는 가장 어리석은 감정이다"

우리는 흔히 외부 자극이나 환경이 자신을 힘들게 만든다고 생각한다. 하지만 정작 우리를 괴롭히는 건 내면의 감정이다. 한 번 감정에 휘둘리기 시작하면 종일 마음이 혼란스럽고 불편하다. 결국, 삶의 질을 결정짓는 건 감정을 다스리는 힘이다. 어떤 폭풍이 몰아쳐도 조용히 자신을 지켜낼 수 있어야 비로소 자신의 삶도 지켜낼 수 있다.

나를 덮치는 감정에서
멀어질 각오

현애살수 縣崖撒手

매달릴 **현** 벼랑 **애** 놓을 **살** 손 **수**

낭떠러지에서 손을 놓다

절체절명의 상황에서 내리는 마지막 결단을 의미한다. 이러한 결단은 대단한 각오가 있어야 함은 물론이고, 새로운 출발을 위한 힘찬 도약을 의미하기도 한다. 더 나아가 이 고사성어는 부정적인 감정이 몰려올 때에도 교훈으로 삼을 수 있다. 마치 낭떠러지에서 손을 놓듯, 휘몰아치는 부정적인 감정에서 과감하게 벗어나려는 결단이기도 하다. 나를 덮치는 감정에 결코 지지 않겠다는 각오를 해 보면 어떨까?

縣崖撒手

縣崖撒手

- 내려놓으면 무너질 것 같아서 참아낸 적이 있나요?

- 한때 소중했지만 지금은 나를 아프게 하는 것은?

물처럼 부드럽게 적응하면
조금 더 편해진다

상선약수 上善若水

윗**상**　좋을**선**　같을**약**　물**수**

가장 좋은 선(善)은 물과 같다

　물처럼 겸손하고 부드럽게 살아가는 것이 제일 좋다는 의미이다. 모두가 알고 있듯, 물은 형태를 자유롭게 변화시키며 늘 높은 곳에서 낮은 곳으로 향한다. 이렇게 늘 겸손한 태도를 갖추고, 주어진 상황에 자신을 적응시키며 살게 되면 남들과 부딪힐 일도, 혼자 마음속으로 화를 낼 일도 훨씬 줄어든다. 물처럼 부드럽게 적응하면서 살면 지금보다 더 편안해질 수 있지 않을까?

上 善 若 水

上 善 若 水

- 지금 내 마음에 필요한 것은 흐름인가, 멈춤인가?

- 물을 닮고 싶은 내 모습은 무엇일까?

자신의 실수를 용서하고 감싸주어야 한다

애기애타 愛己愛他

사랑할 **애**　자기 **기**　사랑할 **애**　다를 **타**

자신을 사랑할 수 있어야 타인을 사랑할 수 있다

　자신을 사랑하지 못하는 사람은 다른 사람을 사랑할 수도 없다. 만약 그런 사람이 있다면 타인을 사랑하는 것이 아니라 의존하고 집착하는 상태라고 봐야 한다. 결국 타인에 앞서 자기 자신을 먼저 돌보고, 자신의 감정부터 잘 다루어야 한다는 의미이기도 하다. 비록 실수를 하더라도 자신을 용서하고, 감싸줄 수 있는 것에서부터 자기애가 시작될 수 있다.

- 나는 나에게 어떻게 친절한가요?

- 오늘 나에게 해 줄 수 있는 따뜻한 말 한마디는?

슬픈 감정에
과도하게 몰입해서는 안 된다

애이불비 哀而不悲

슬플 **애**　어조사 **이**　아니 **불**　비탄할 **비**

슬퍼도 비통해하지 않는다

　슬프지만 비통해하지 않는다는 말은 다소 역설적으로 들리기도 한다. 하지만 이 말은 자신의 감정에 지나치게 빠지지 말라는 의미이기도 하다. 누구나 슬픔을 겪지만 가볍게 지나가는 사람이 있는 반면, 세상이 무너지는 듯한 감정에 시달리는 사람도 있다. 하지만 모든 것은 지나가고, 상황은 언제든지 바뀐다. 감정을 안 느낄 수는 없지만, 지나치게 빠지는 일은 경계해야 한다.

- 내 슬픔을 말할 수 있는 사람 곁에 있나요?

- 슬픔을 표현하나요, 삼키나요?

자신을 높게 평가한다고, 타인을 과소평가하지는 마라

문인상경 文人相輕

글월 **문** 사람 **인** 서로 **상** 가벼울 **경**

문인들은 서로를 경멸한다

글을 쓰는 사람은 자신의 문장을 너무 과신한 나머지 상대방을 가볍게 여기고 과소평가한다는 의미이다. 꼭 글을 쓰는 사람만이 아니다. 자신의 능력과 재주를 지나치게 높게 평가하는 사람 중에 다른 사람을 무시하는 경우가 많다. 이렇게 되면 상대의 감정도 나빠지고 결국 관계가 악화될 뿐이다. 스스로 자신을 믿고 의지하는 마음은 좋지만, 그것이 타인을 과소평가하는 것으로 이어져서는 안 된다.

文 人 相 輕

文 人 相 輕

- 겉으로 보이는 좋음에만 끌린 적이 있나요?

- 나는 지금 어떤 이미지로 살아가고 있나요?

상처를 받아도
결국 승리한다고 생각하라

요불승덕 妖不勝德

괴이할 **요**   아니 **불**   이길 **승**   덕 **덕**

간사한 것이 덕을 이길 수 없다

타인의 간사한 행동과 말 때문에 상처받는 일이 종종 생길 수 있다. 그럴 때마다 기분이 몹시 좋지 않고 심지어 후유증이 남기도 하고, 결국 사람이 꺼려지는 경우도 있다. 하지만 옛 선인들은 간사하고 요망한 것이 올바른 덕을 이길 수는 없다고 말한다. 따라서 비록 그런 일이 있더라도 상처받을 필요가 없고, 언제나 착하고 선한 것이 승리한다는 사실을 믿을 필요가 있다.

妖 不 勝 德

妖 不 勝 德

- 가진 것보다 사람 됨으로 기억된 사람이 있나요?

- 물질이 아닌, 인품으로 나를 소개한다면?

백 번이고 천 번이고 하겠다는 투지를 가져라

인십능지 人十能之

사람 **인**   열 **십**   열 **능**   어조사 **지**

남들은 열 번에 능히 할 수 있다

　남들은 쉽게 해내는 일을 나는 쉽게 못 해낼 때가 있다. 그럴 때는 열등감, 좌절감을 느끼게 된다. 왜 나만 이렇냐고 억울해할 수도 있다. 하지만 이럴 때 나약한 감정에 휘둘려 자포자기하기보다는, 남들이 열 번에 하면 자신은 백 번, 천 번을 하겠다는 투지를 가져야만 한다. 강인한 투지 속에서 분명 성과는 나오게 마련이고, 이것이 성장의 발판이 된다. 자신을 믿고 멈추지 않는 열정을 발휘해야 한다.

- 계속 노력한 끝에 성장한 누군가를 본 적이 있나요?

- 노력이 재능을 만든다는 말, 믿고 있나요?

감정에 너무 일일이 반응하면 자신이 소진된다

사청사우 乍晴乍雨

잠깐 **사** 갤 **청** 잠깐 **사** 비 **우**

가끔 맑아지고, 가끔 비가 온다

하늘은 끊임없이 변한다. 맑았다가 어두워졌다가 천둥도 치고 또다시 밝아진다. 그러니 우리는 이러한 변화를 그저 담담하게 받아들이면 된다. 굳이 뭐라 할 수도 없고, 어찌할 수도 없다. 우리의 감정도 마찬가지이다. 어쩌면 하늘보다 더 변덕스럽게 끊임없이 변한다. 그러니 그저 받아들이고, 지나가도록 지켜보기만 하면 된다. 자신의 감정에 너무 일일이 반응하다 보면 오히려 자신이 소진될 수 있다.

乍晴乍雨

乍晴乍雨

- 나에게 진심으로 조언해 주는 사람이 있나요?

- 좋은 벗이란 함께 웃는 사람, 나를 다듬어 주는 사람?

너그럽고 온화한 마음을 함께 갖춰야 한다

기과필화 氣過必禍

기운 **기** 지날 **과** 반드시 **필** 재앙 **화**

기가 지나치면 반드시 화를 입는다

주변에 종종 기가 센 사람들을 만날 수 있으며, 자신이 기가 세다고 생각하는 사람들도 있다. 물론 이런 성향이 세상살이에 도움이 될 때도 있다. 거침없이 원하는 것을 이뤄내고 속 시원하게 행동하기 때문에 과도한 스트레스를 받지 않기 때문이다. 하지만 기가 센 것이 언제나 좋은 것은 아니다. 주변의 불만을 불러일으킬 수도 있고, 거부감을 생기게 하기도 한다. 너그럽고 온화한 마음을 함께 가진다면 두 가지가 서로 조화를 이뤄 보다 순탄한 길을 만들어 줄 수 있을 것이다.

氣 過 必 禍

氣 過 必 禍

- 내 감정이 앞선 순간, 손해를 본 적은?

- '기가 세다' 자신이 생각하는 의미는?

생각과 마음은 반드시 스스로 조절할 수 있다

절기망상 絶忌妄想

간절할 **절** 꺼릴 **기** 망령될 **망** 생각할 **상**

망령된 생각을 간절하게 꺼린다

생각은 우리의 몸과 마음을 지배한다. 특히 부정적인 생각은 육체나 마음에 부정적인 영향을 미쳐 스트레스를 비롯한 각종 문제를 일으킨다. 중요한 점은 나의 의지에 따라서 그러한 생각과 감정의 영향에서 벗어날 수 있다는 점이다. 간절하게 피하려고 하고, 계속해서 그것에서 벗어나려고 하면 반드시 할 수 있다. 그리고 자신의 생각과 마음에 계속 긍정적인 것들을 채워 넣으면서 자신의 상태를 스스로 조절해야 한다.

絶 忌 妄 想

絶 忌 妄 想

- 문제를 보는 편인가, 걱정을 키우는 편인가?

- 내려놓아야 할 나만의 '깃발'이 있다면 무엇일까?

지나친 의심은
자신을 불안하게 만든다

의심암귀 疑心暗鬼

의심할 **의** 마음 **심** 어두울 **암** 귀신 **귀**

의심을 품으면 없던 귀신도 생긴다

과도하게 의심을 하게 되면 실제로 존재하지 않는 귀신도 생긴다는 의미이다. 아마도 이런 경험을 한 번쯤 해 봤을 것이다. 실제로는 매우 경미한 사안이거나 혹은 아무것도 아니었는데, 자꾸만 의심하다 보면 일이 커지고, 거기에 대응하는 나의 방식도 과격해지면서 결국 문제가 커져 버리는 것이다. 물론 나에게 발생하는 여러 일에 정당한 의구심을 가지고 잘 살펴야 하겠지만, 지나치게 의심하는 태도는 피해야 한다.

- 의심했던 일이 사실 오해였던 경험이 있나요?

- 나를 괴롭히는 것은 상황인가요, 생각인가요?

별것 아닌 일로
다투고 있지는 않은가?

소아변일 小兒辯日

작을 **소** 아이 **아** 말할 **변** 해 **일**

어린아이가 해에 대해 논한다

식견이 부족한 상태에서 각기 자기 의견이 진실이라며 다투는 것을 말한다. 우리 일상에서도 이런 일은 자주 있다. 나중에 되돌아보면 정말 별것도 아닌 일인데, 사소한 것에 분노하고, 작은 일에 감정이 상한다. 이런 일을 피하기 위해서는 좀 더 여유와 대범함을 갖춰야만 한다.

小兒辯日

小兒辯日

- 작은 자존심 지키려다, 더 큰 관계를 잃어버린 적은?

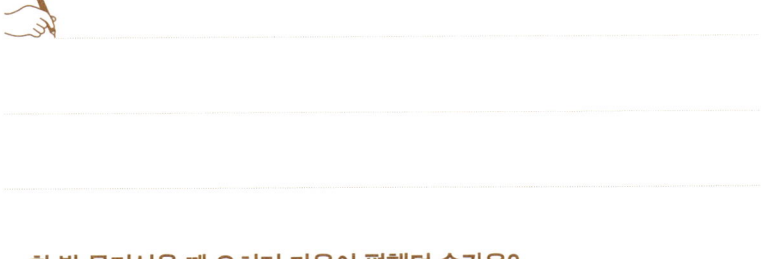

- 한 발 물러섰을 때 오히려 마음이 편했던 순간은?

욕심이 생기면 사정없이 버려라

형제투금 兄弟投金

형 **형** 아우 **제** 던질 **투** 쇠 **금**

형제가 금을 던진다

형제가 길을 걷다가 금을 주웠는데, 이로 인해 다툴까 봐 아예 금을 버리고 우애를 지켰다는 내용이다. 이는 실질적인 이익보다 둘 사이의 관계를 더욱 중요하게 여기는 태도를 말한다. 살다 보면 대부분의 분노와 싸움은 바로 이러한 이익을 두고 생겨난다. 심지어 이익 때문에 생명을 앗아가는 끔찍한 일도 생긴다. 물론 사람이 이익을 좇으면서 살지 않을 수는 없다. 하지만 이 역시 너무 과도하면 관계를 망칠 수도 있음을 잊어서는 안 된다.

兄	弟	投	金
兄	弟	投	金

- 진짜 가까운 관계의 기준, 나는 무엇인가요?

- 조건 없이 곁에 있어 주는 사람이 있나요?

절제와 제어가 있어야
감정에도 휘둘리지 않는다

득롱망촉 得隴望蜀

얻을 **득** 고개 이름 **롱** 바랄 **망** 나라 이름 **촉**

농(隴)을 얻고 나면 촉(蜀)을 바라본다

농서라는 지역을 얻은 다음에 촉나라에 대한 욕심을 낸다는 뜻으로, 사람의 욕심은 끝이 없음을 말하고 있다. 사실 사람의 마음은 끊임없이 회오리치면서 더 많은 것, 더 큰 것을 원하게 된다. 이럴 때 마음은 감정에 휩싸이면서 이성으로 잘 제어가 되지 않는 상태가 되기도 한다. 하지만 끊임없이 무엇인가를 얻으면서 살아가는 사람은 없다. 누구라도 자신을 절제하고 제어해야만 감정에 휘둘리지 않고 살아갈 수 있다.

得 隴 望 蜀

得 隴 望 蜀

- '지금 이만하면 괜찮다'라고 말해 본 적은 언제인가요?

- 지금 이 순간, 만족해도 되는 부분은 무엇일까요?

하루의 시간을 보내는 방식이 내 마음을 좌우한다

기우귀가 騎牛歸家

탈 기 소 우 돌아갈 귀 집 가

소의 등을 타고 집으로 돌아오다

소는 성실함과 근면함을 상징하는 가축이다. 이런 소와 함께 밭에서 일을 하고 저녁 때 집으로 돌아오는 풍경은 참으로 안락하고 평화롭다. 이 고사성어는 근면과 성실함으로 하루를 보내고 감정적으로 평화로워지는 모습을 상징하고 있다. 실제로 하루를 충실하게 보냈다는 느낌이 들면 모든 것이 만족스럽고 차분해진다. 감정은 우리가 의도적으로 조절할 수도 있지만, 매시간을 어떻게 보내느냐에 따라서 조절될 수도 있다.

騎 牛 歸 家

騎 牛 歸 家

- 무언가를 성실하게 마무리했을 때 나의 감정은?

- 지금 내려놓을 걱정 한 가지 정리한다면?

술을 다스리는 일이
감정을 다스리는 일이다

불위주곤 不爲酒困

아니 **불**   할 **위**   술 **주**   곤할 **곤**

술 때문에 곤란한 일을 겪지 않는다

한국인의 음주량은 세계적으로도 매우 상위에 랭크되어 있다. 술을 많이, 자주 마시면 감정적으로 혼란해지는 경우가 많고, 그 결과 뜻하지 않은 행동으로 곤란한 일도 자주 겪곤 한다. 술을 다스리는 것이 결국 자신의 감정을 다스리는 일이기도 하다. 또한 본인이 술을 마시지 않더라도 술자리에 가는 일은 흔하니, 함께하는 사람들이 너무 과음하지 않도록 조절해주는 것도 필요한 일이다.

不 爲 酒 困

不 爲 酒 困

- 혹시 술을 마신 후 감정이 격해져 곤란한 상황을 겪은 적은 없는가?

- 의식 없이 반복하는 행동 중 나를 지치게 하는 것은?

넓은 배포를 갖는 것도 도움이 된다

불양불택 不讓不擇

아닐 **불** 사양할 **양** 아닐 **불** 가릴 **택**

사양하지도 않고 가리지도 않는다

큰 산은 흙을 마다하지 않고 바다는 작은 물줄기도 싫어하지 않는다는 뜻이다. 이는 많은 것들을 포용하고 받아들이며 인정하는 태도를 말한다. 살다 보면 다른 것, 싫어하는 것, 거슬리는 것에 지나치게 예민하게 반응할 때도 있다. 오랜 시간 형성된 성격 탓이라 어쩔 수 없을 때도 있지만, 조금은 더 여유로운 마음, 포용하는 마음을 가져보는 것은 어떨까? 이런 넓은 도량은 분명 자신의 마음을 다스리는 데에도 도움이 된다.

不讓不擇

- 요즘 내 판단이 너무 날카로웠던 순간은?

- 더 넓은 마음을 만들기 위한 일상 연습 하나는?

자랑하려는 마음을 줄이면
하루가 평안해진다

대용약겁 大勇若怯

클 대 날랠 용 같은 약 겁낼 겁

큰 용기는 비겁함과 같다

옛 선인들은 진정 용기 있는 사람은 신중하고 느긋해서 마치 겁쟁이처럼 보이고, 정말로 지혜를 가진 사람은 자신의 지혜를 자랑하지 않아 마치 지혜가 없는 사람처럼 보이기도 한다고 말한다. 결국 자신을 낮추고 뒤로 물리고, 지나치게 튀려고 하지 않는 것이 올바른 처신이자, 그것이 또한 주변과 화합하는 길임을 알려주고 있다. 자랑하고 싶은 마음, 자신이 잘났음을 과시하고 싶은 마음을 줄이면 하루하루가 조금 평안해질 것이다.

大 勇 若 怯

大 勇 若 怯

- 겸손이 나를 더 빛나게 했던 순간은?

- 자랑하고 싶은 순간, 스스로 다독이는 말 한 줄 써 보자.

힘이 아닌 소통으로 문제를 해결해야 한다

준조절충 樽俎折衝

술통 **준**   도마 **조**   꺾을 **절**   찌를 **충**

술자리에서 적의 창을 꺾는다

서로 직접적으로 무력을 사용해 싸우지 않고 평화로운 교섭으로 흥정하거나 일을 담판 짓는 것을 의미한다. 문제를 해결하는 방법은 크게 두 가지이다. 명령하고 강제해서 해결하는 방법과 부드러운 소통을 통해서 해결하는 것이다. 후자가 압도적으로 더 좋은 방법임은 두말할 필요가 없다. 비록 자신에게 상대방을 이길 힘이 있더라도 소통으로 문제를 해결한다면 서로 불편한 감정이 발생하지 않고 모든 일이 순조롭게 진행될 수 있을 것이다.

樽	俎	折	衝
樽	俎	折	衝

- 힘으로 이기기보다 마음으로 설득한 적은?

- 싸우지 않고 소통하는 나만의 말 습관은?

멋대로 오만하면 낭패를 보기 마련이다

수지여우 守之如愚

지킬 **수** 어조사 **지** 같은 **여** 어리석을 **우**

자신을 지키는 것을 어리석은 듯이 한다

스스로를 어리석다고 생각하는 사람은 함부로 행동하지 않는다. 왜냐하면 자신의 방법에 확신이 없기 때문이다. 그래서 늘 신중하고, 타인에게 조언을 구한다. 하지만 자신이 지혜롭다고 생각하는 사람일수록, 오만하게 문제를 해결하려고 하고 그러다가 결국 낭패를 당하는 경우가 있다. 자신을 지키고 문제를 해결하기 위해서는 '나는 많이 알고 있어.'라는 자세보다는 '나는 아직 부족해.'라는 자세로 주변 사람에게 지혜를 구하고, 신중하게 생각해야 한다.

守 之 如 愚

守 之 如 愚

- 조용히 버티는 스타일인가, 드러내 설득하는 편인가?

- 지금까지 우직하게 나를 지켜준 태도는?

고독하게
자신의 문제를 해결하라

불평즉명 不平則鳴

아니 **불**   평평할 **평**   곧 **즉**   울 **명**

평정을 얻지 못하면 소리를 낸다

마음이 불안정한 상태에서는 말이 많아진다. 불평을 하고 불만을 토로하고, 주변 사람들에게 자신의 처지를 하소연하게 된다. 물론 그렇게라도 위안을 받고 문제가 해결되면 좋겠지만, 대체로 자신의 문제를 남이 해결해주기는 무척 어려운 법이다. 마음을 가라앉히고 스스로의 문제를 정면으로 바라보면서 하나씩 풀어나가야 한다. 홀로 고독하게 자신의 문제를 해결해 나가는 사람은 남에게 많은 말을 할 필요가 없다.

- 요즘 내 안의 말하지 못하는 소리는 무엇인가?

- 혼자 있는 시간 마음의 평정을 얻기 위해 무엇을 해야 할까?

실력이 뛰어날수록, 더 많이 인격을 닦아야 한다

재승덕박 才勝德薄

재주 **재** 이길 **승** 덕 **덕** 엷을 **박**

재능은 뛰어나지만 덕이 부족하다

재능이 있고 실력이 뛰어난 사람일수록, 지나치게 그것을 믿고 인격 수양을 덜 할 수 있다. 실력이 세상을 살아가는 전부라고 생각할 수 있기 때문이다. 하지만 아무리 실력이 좋은 사람이라도 인격적으로 환영받지 못한다면 결국 조직에서 배제될 수밖에 없다. 자신만을 생각하는 이기적인 사람을 계속해서 받아줄 사람들은 없기 때문이다. 자신이 실력이 있다고 생각할수록, 더 인격을 잘 닦으려는 노력을 해야 한다.

才勝德薄

才勝德薄

- 능력을 앞세우느라 관계를 놓친 적이 있나요?

- 실력보다 갖추고 싶은 덕목 하나를 정해 보자.

다수의 사람들을
적으로 돌리지 마라

중노난범 衆怒難犯

무리 **중** 성낼 **노** 어려울 **난** 범할 **범**

무리의 분노는 거스르기 어렵다

여러 사람과 함께 어울려 살아가야 하는 사회에서 여러 사람들을 적으로 돌리는 일은 반드시 피해야 한다. 정치에서도 나쁜 지도자가 분노한 군중을 감당하기는 힘든 법이다. 여러 사람이 비난하면 그것이 대세가 되고, 더 이상 버틸 수가 없다. 따라서 우리는 그 어떤 조직에서든 다수의 사람들을 적으로 돌려서는 안 된다. 그 모두를 나의 편으로 만들 수는 없어도, 최소한 적대적인 관계로 만들어 그들을 화나게 해서는 안 된다.

衆怒難犯

衆怒難犯

- 최근 가장 화나게 했던 일은? 어떻게 대응했나요?

- 분노를 터뜨리기 전 나만의 감정을 풀어내는 방법은?

지나친 사랑도 문제가 될 수 있다

여도지죄 餘桃之罪

남을 여 복숭아 도 어조사 지 허물 죄

남은 복숭아를 먹인 죄

사랑을 할 때에는 먹다 남은 복숭아를 내게 주어도 사랑스럽다. 하지만 미워지기 시작할 때에는 과거의 그 일이 오히려 괘씸하게 생각될 수도 있다. 우리는 모두 사랑받고, 사랑하기 위해서 태어났지만, 사랑은 언제든 식을 수 있다는 점을 염두에 두어야 한다. 그때부터 둘의 관계, 감정은 완전히 달라진다. 처음부터 끝까지, 예의를 지키고 배려해야 그 사랑도 온전해질 수 있다.

餘 桃 之 罪

餘 桃 之 罪

- 사랑은 영원할 수 없다. 과거의 사랑으로 고통받은 적이 있는가?

- 현재의 사랑으로 훗날 고통받지 않으려면 우리는 어떻게 해야 할까?

고요하고 깨끗한
마음 상태를 유지하라

명경지수 明鏡止水

밝을 **명** 거울 **경** 그칠 **지** 물 **수**

밝은 거울과 정지된 물

우리는 하루에도 여러 번 자신의 얼굴을 거울에 비춰본다. 내가 보기에 내 외모가 어떤지, 혹은 남이 보기에 어떤지를 가늠해보기 위해서이다. 하지만 외모만 그렇게 할 것이 아니라, 나의 내면도 늘 거울에 비춰볼 수 있어야 한다. 바른 마음가짐인지, 혹여 흐트러져서 침울해지지는 않았는지를 되돌아볼 필요가 있다.

明	鏡	止	水
明	鏡	止	水

• 지금 내 마음은 잔잔한가요, 흔들리고 있나요?

• 외모뿐만 아니라 내면을 가꾸기 위해서는 무엇부터 시작해야 할까?

감정에 얽매이는
결정을 하지 마라

읍참마속 泣斬馬謖

울읍 벨참 마속(사람 이름)

눈물을 머금고 마속의 목을 베다

마속이라는 인물은 삼국지에 등장하는 제갈공명의 부하이다. 공명은 감정적인 결정을 해서 마속을 전쟁터에 내보냈다가 패배했고, 어쩔 수 없이 목을 베어야 했던 상황을 묘사하는 고사성어이다. 우리는 감정에 얽매이는 결정을 하는 경우가 꽤 있다. 하지만 그런 결정은 늘 후회를 남기곤 한다. 과거의 경험을 토대로 감정보다는 냉정한 이성으로 결정을 해야 한다.

泣斬馬謖

泣斬馬謖

- 감정에 치우친 선택으로 후회해 본 적이 있는가?

- 감정이 격할 때 내가 피해야 할 행동은?

긍정적인 생각은
돈을 주고도 살 수 없다

천금매소 千金買笑

일천 **천**   쇠 **금**   살 **매**   웃음 **소**

천금을 주고 웃음을 산다

웃음은 좋은 것이지만, 그것을 굳이 돈을 주고 살 필요는 없다는 의미의 고사성어이다. 쓸데없는 일에 돈과 힘을 낭비한다는 뜻이지만, 좀 다르게 해석할 필요도 있다. '웃음'이라는 말이 상징하는 긍정적인 감정과 태도는 아무리 많은 돈을 주고도 살 수 없다. 그만큼 중요하다는 이야기이다. 다만 긍정적인 감정과 태도는 언제든지 돈을 주지 않고도 스스로 만들 수 있다. 이렇게 소중한 긍정성으로 하루를 꽉 채워보는 건 어떨까?

千 金 買 笑

千 金 買 笑

- 긍정적인 태도로 살기 위해 평소에 하는 노력이 있는가?

- 돈 없이도 나를 웃게 한 순간은?

실력을 드러내지 말고
때를 기다려라

도광양회 韜光養晦

숨길 **도** 빛 **광** 기를 **양** 어둠 **회**

빛을 감추고 어둠에서 힘을 기른다

세상의 모든 일에는 타이밍이라는 것이 있다. 자신의 실력에 스스로 탄복하고, 그것을 너무 드러내려고 한다면 사람들의 미움을 받을 수도 있다. 내가 나서야 할 때, 나서지 않을 때를 잘 판단하고 나서지 않아야 할 때는 자신의 감정을 조절하면서 주변을 살펴야 한다. 비록 나서야 할 때라고 하더라도 감정적인 절제와 함께해야 한다.

韜	光	養	晦
韜	光	養	晦

- 드러나지 않아도 의미 있었던 노력 하나는?

- 지금 내 안에서 천천히 자라고 있는 가능성은?

아쉬운 것도 있어야
곤란한 일도 피할 수 있다

곤우주식 困于酒食

곤할 곤   어조사 우   술 주   밥 식

술과 밥을 실컷 먹고 곤경에 처하다

'만족한다'는 말은 참으로 우리를 즐겁게 하는 말이다. 밥 한 끼를 먹어도 만족하고, 매일매일이 만족스럽다면 이보다 더 행복한 일은 없을 것이기 때문이다. 하지만 모든 면에서 만족감을 느끼고 싶어 하고, 한 치의 아쉬움도 허락하지 않으려고 한다면 오히려 더 피곤해지고 곤란한 일도 많이 생긴다. 부족한 것, 아쉬운 것도 용인하면서 어느 정도 선에서 그칠 수 있을 때 번잡한 일도 줄어들 수 있다.

- 지나치게 만족을 추구하다가, 오히려 곤란을 당한 적이 있는가?

- 적절한 때에 자신을 절제하기 위해서는 어떻게 해야 할까?

마음을 세우되
견고하게 만들어야 한다

입심물항 立心勿恒

설**립** 마음**심** 말**물** 항상**항**

마음을 세우지만, 한결같지 못하다

살면서 누구나 목표를 세우고 이루기 위해 새롭게 마음을 다진다. 하지만 이러한 노력이 작심삼일이 되는 것은 그것이 견고하게 뿌리를 내리지 못했기 때문이다. 중요한 것은 자신의 결심이 한결같은 마음과 감정이 되도록 하는 것이다. 계속해서 시도하고, 나를 거기에 맞춤으로써 좀 더 뿌리 깊고 단단한 사람이 될 수 있다.

- 마음이 지나치게 흔들려 견고하게 나아가지 못한 때가 있었는가?

- 흔들리지 않는 마음을 꾸준하게 유지하기 위해서는 어떤 방법이 필요할까?

마음에 들지 않아도 협력할 수 있어야 한다

동주공제 同舟共濟

한가지 **동** 배 **주** 한가지 **공** 건널 **제**

같은 배를 타고 강을 건넌다

세상에 혼자 할 수 있는 일은 아무것도 없다. 때로는 마음에 들지 않는 사람과도 무엇인가를 함께해야 할 때도 있다. 이럴 때 우리 모두 같은 배를 타고 위험한 바다를 건너고 있다고 생각하면 보다 손쉽게 협력하려는 마음이 들 수 있다. 생존을 위해서는 감정을 접고, 서로 협력해야 할 필요가 있기 때문이다. 그리고 이렇게 서로 협력하면서 함께하다 보면 조금씩 상대에 대한 마음도 달라질 수 있을 것이다.

同 舟 共 濟

同 舟 共 濟

・마음에 들지 않는 사람과 함께 일했던 경험, 그때 감정은?

・그런 사람에게도 호의를 베풀 수 있는 방법으로는 어떤 것이 있을까?

즐거움에
지나치게 빠지지 마라

망국지음 亡國之音

망할 **망** 나라 **국** 어조사 **지** 소리 **음**

나라를 망치는 음악

우리는 모두 행복해지고 싶고, 즐거움을 느끼고 싶다. 하지만 1년 365일 햇볕이 내리쬐면 그곳은 사막이 되고 만다. 행복과 즐거움이라는 것도 마찬가지이다. 그것들을 너무 지나치게 추구하게 되면, 그렇지 않은 상태를 불행하고 우울한 상태로 생각할 수도 있다. 올라가면 내려올 때도 있고, 내려오면 또 올라갈 때도 있다. 일상에서 지나치게 감정에 휩쓸리지 않는 고요한 내면을 갖춰야 한다.

- 일상의 평범함을 불편함으로 느낀 적은 없는가?

- 행복에 대한 자신의 기준이 과도하게 높은 것은 아닌지 되돌아보자.

충분한 소통이 감정을 하나로 만든다

간담상조 肝膽相照

간 **간** 쓸개 **담** 서로 **상** 비칠 **조**

간과 쓸개를 서로에게 내보이다

서로의 마음은 눈으로 볼 수 없다. 그래서 지레짐작으로 상대방이 행복하거나, 혹은 슬플 것이라고 생각한다. 하지만 꼭 그런 것은 아니다. 서로 마음을 완전히 터놓고 대화하지 않는 이상, 타인의 감정을 함부로 단정해서는 안 된다. 조용히 상대의 말을 모두 들어주고, 내가 하고 싶은 말도 충분히 하면서 서로를 내보일 수 있을 때, 하나가 된 감정으로 서로 협력할 수 있을 것이다.

肝膽相照

肝膽相照

- 타인의 감정을 너무 경솔하게 판단해서 곤란했던 적은 없었는가?

- 상대와 대화에서 나는 얼마나 진심을 내보이고 있는가?

감정의 빈틈 없이
몰아쳐서는 안 된다

궁구물박 窮寇勿迫

다할 궁   도적 구   말 물   핍박할 박

궁지에 몰린 적은 압박하지 않는다

옛 병법에는 아무리 적이라고 하더라도 너무 궁지에 몰렸다면 약간의 틈새를 주어 압박하지 않아야 한다고 조언한다. 누군가가 잘못했고, 그래서 문제를 일으켰다고 하더라도 너무 과도하게 비난하는 일은 피해야 한다. 감정의 틈을 열어주어 사람이 숨 쉴 수 있도록 해주어야 하고, 그래야만 문제가 보다 자연스럽게 해결될 수 있다. 누구나 실수를 할 수 있다는 점에서 과도하게 타인을 비난하는 일은 피해야 한다.

窮 寇 勿 迫

窮 寇 勿 迫

- 타인의 잘못을 두고 지나치게 화를 내거나 비난했던 적은 없는가?

- 공감이 갈등을 풀어준 순간이 있었나요?

지나치게 친절해도
주의해야 한다

교언영색 巧言令色

공교할 **교** 말씀 **언** 하여금 **영** 빛 **색**

말을 교묘하게 하고 얼굴빛을 꾸미다

　말을 예쁘게 하고 친절한 태도를 갖춘 사람을 싫어할 사람은 없다. 하지만 너무 지나치다면 한 번쯤 의구심은 가져야 할 필요도 있다. 보통 사람들은 무엇인가를 숨기거나 속이려고 할 때도 말과 태도를 예의 바르게 하기 때문이다. 따라서 자신의 마음에 쏙 드는 어떤 사람이 있다고 하더라도 처음에는 경계심을 잃지 않아야 한다. 내 눈에 보이는 것이 전부는 아니기 때문이다.

巧 言 令 色

巧 言 令 色

- 겉모습이나 말투만 보고 사람을 쉽게 신뢰하고 있지는 않는가?

- 지금 솔직하게 표현하고 싶은 감정 한 가지는?

내 감정이
전부가 아니다

창해일속 滄海一粟

푸를 **창** 바다 **해** 한 **일** 좁쌀 **속**

큰 바다에 떠 있는 좁쌀 하나

우리는 타인의 감정을 공감할 수는 있어도, 있는 그대로를 느낄 수는 없다. 반면에 자신의 감정은 세상에서 제일 공감할 수밖에 없고, 가장 중요하다고 느껴지기도 한다. 내가 슬프면 세상이 무너져 내리고, 내가 행복하면 세상이 행복해 보인다. 하지만 내 감정을 너무 앞세우다 보면 타인의 감정에 무뎌지게 되고, 실수를 할 가능성도 있다. 나의 감정에 너무 빠지지 않고, 타인의 감정도 적절하게 살펴야 한다.

滄 海 一 粟

滄 海 一 粟

- 내 감정에 몰두해 타인의 마음을 놓친 적은 있나요?

- 타인의 감정도 적절하게 살피기 위해서는 무엇을 해야 하는지 생각해보자.

PART 4

인간관계
인간관계는 어렵지만, 정답은 명쾌하다

"사람 사이에 필요한 것은
고차 방정식이 아닌 플러스 마이너스일 뿐이다"

많은 사람들이 세상에서 제일 어려운 것이 인간관계라고 말한다. 하지만 그것은 관계 자체가 어려운 것이 아니라, 관계를 풀어나가는 데 있어서 너무 어려운 방법을 사용하기 때문이다. 사실 사람과 사람의 관계는 매우 단순하다. 서로 주고받으며, 감사하고 배려하면 모든 관계는 술술 풀려나간다. 하지만 여기에 욕심이 섞이고 이기심이 스며들면 그때부터 인간관계는 풀기 어려운 고차 방정식이 된다. 마음을 비우고 생각을 내려놓는다면, 인간관계는 훨씬 손쉽게 풀 수 있을 것이다.

모든 것을 갖고 싶어 할수록
결국 아무것도 가질 수 없다

각자무치 角者無齒

뿔 **각**   놈 **자**   없을 **무**   이 **치**

뿔이 있는 소는 날카로운 이빨이 없고, 이빨이 날카로운 호랑이는 뿔이 없다. 이 말은 모든 사람이 각자가 가진 것이 다르고, 장단점도 모두 다르다는 의미이다. 그래서 모두가 어느 정도의 결핍을 느끼고 또한 간절하게 필요한 것들이 있다. 그리고 그것을 채워주는 사람이 있다면 단연 고마울 수밖에 없다. 타인이 없는 것을 채워주고 도와주면 어떨까? 분명 그 사람도 나에게 그렇게 해줄 것이다.

角	者	無	齒
角	者	無	齒

• 가장 가까운 사람의 장단점과 나의 장단점에 대해서 한번 생각해보자.

• 서로에게 부족한 것을 주기 위해서는 어떻게 해야 할까?

높이 오른 사람일수록, 주변에 대해 감사해야 한다

항룡유회 亢龍有悔

오를 **항** 용 **룡** 있을 **유** 뉘우칠 **회**

높이 오른 용은 후회할 일이 있다

용에게 하늘을 나는 것은 매우 자연스러운 일인데, 왜 후회를 한다는 말일까? 그것은 너무 교만해져서 이제까지 도와주었던 사람들의 감사함을 잊기 때문이다. 되돌아보면 자신의 힘만으로 무엇인가를 이루기는 무척 힘들다. 알게 모르게 타인들의 도움과 정성이 있었기 때문이다. 자신이 잘나간다고 생각할 때, 높은 곳에 올랐다고 생각할 때일수록 주변 사람들에게 감사의 마음을 가져야 한다. 그래야 앞으로도 그들과 화합하며 하늘 높이 올라간 영광을 오래오래 지킬 수 있기 때문이다.

亢	龍	有	悔
亢	龍	有	悔

• 내 성과 중 누군가의 도움이 숨어 있었던 적은?

• 그들에 대한 감사의 마음을 잊지 않기 위해서 어떻게 해야 할까?

이익이 보여도 흔들리지 않아야
관계가 유지된다

견리사의 見利思義

볼 **견**   이익 **리**   생각 **사**   옳을 **의**

이익이 보일 때 의로움을 생각하라

당장 나에게 이익이 된다고 하더라도 섣불리 취하지 말고, 그것을 취하는 것이 과연 올바른 것인지 그렇지 않은 것인지를 생각하라는 의미이다. 사실 세상의 모든 것은 이익으로 흐르게 마련이라서 올바름을 생각한다는 것이 쉽지는 않다. 하지만 이익 앞에서도 흔들리지 않는 생각을 유지할 수 있어야 이익으로 인해 관계가 망가지는 일도 막을 수 있다.

見 利 思 義

見 利 思 義

- 이익 때문에 관계가 뒤틀린 적이 있는지 생각해보자.

- 그와 같은 실수를 반복하지 않기 위해서 어떻게 해야 할까?

같은 마음을 만들어야 함께 전진할 수 있다

모합심리 貌合心離

겉모습 **모** 합칠 **합** 마음 **심** 떠날 **리**

겉모습은 일치하지만 생각은 다르다

겉으로는 일치단결하고 같은 목표와 꿈을 가졌다고 여겨지지만, 실제로는 각자가 딴마음을 먹을 때도 많다. 그러나 이런 상태라면 앞으로 전진해 나갈 수 없다. 은연중에 서로가 서로의 발목을 잡을 때가 있기 때문이다. 따라서 깊은 대화를 통해 상대의 마음을 알아봐 주고 또한 자신을 알려서, 오해 없이 하나가 되는 상태를 만들어야 한다.

貌 合 心 離

貌 合 心 離

- 오해에서 일어난 갈등을 생각해보자.

- 이러한 문제를 예방하기 위해서는 어떻게 해야 할까?

서로에게 선한 영향력을 끼치는 관계를 추구하라

이택상주 麗澤相注

짝 **이** 연못 **택** 서로 **상** 부을 **주**

짝을 이루는 연못이 서로 물을 대어준다

때로는 연못에도 물이 부족한 날이 있을 수 있다. 하지만 바로 옆에 있는 연못에서 계속해서 물을 대어 주면 어떨까? 두 연못은 언제까지나 마르지 않고 좋은 생태계를 유지할 수 있다. 사람과 사람 사이도 마찬가지이다. 서로의 마음을 깎는 말과 행동이 아니라, 계속해서 희망과 용기를 주게 되면 둘 모두가 늘 맑고 풍성한 마음을 유지할 수 있을 것이다.

麗澤相注

麗澤相注

- 나에게 '이택상주'의 관계라고 할 만한 사람이 있을까?

- 서로에게 희망과 용기를 주기 위해 오늘 무엇을 할 수 있을까?

질투하는 관계는
절대 오래갈 수 없다

송무백열 松茂柏悅

소나무 **송** 무성할 **무** 측백나무 **백** 기쁠 **열**

소나무가 무성하면 측백나무가 기뻐한다

　기쁨은 나누어야 배가 된다는 말은 잘 알고 있지만, 현실에서는 다른 사람의 기쁨을 질투로 받아들이는 경우도 흔하다. 질투라는 감정은 내 성장의 동력이 되기도 하지만, 한편으로는 관계를 점점 허물어가는 계기가 되기도 한다. 아무리 서로 경쟁 관계에 있다고 하더라도, 오히려 타인의 기쁨을 내 성장의 계기로 삼고 기꺼이 축하해줄 필요가 있다. 그러면 상대방도 당신에게 축하를 해줄 것이며, 앞으로 더 발전적인 관계가 될 것이다.

松 茂 柏 悅

松 茂 柏 悅

- 주변에 '발전적인 경쟁 관계'라고 할 만한 사람이 있는가?

- 질투하기보다 내가 더 성장하기 위해서는 어떤 마음을 가져야 할까?

늘 나에게 좋은 것만을
선택할 수는 없다

도비간수 挑肥揀瘦

드러낼 **도**   살찔 **비**   가려낼 **간**   여윌 **수**

비계는 피하고 살코기만 골라 먹는다

　인간관계를 이어가다 보면 상호 간에 유불리를 따져야 하는 선택의 기로에 설 때가 있다. 이때 누구나 자신에게 유리한 것을 선택하고 싶지만, 불리한 것을 받아들여야 하는 상대방의 입장도 헤아려 주어야 한다. 또 때로는 정반대로 내가 손해 보는 때도 있어야만 원만한 관계를 유지할 수 있다. 서로 균형을 맞추는 관계가 되어야 한다.

挑 肥 揀 瘦

挑 肥 揀 瘦

- 내 실수였지만 상대방의 탓으로 돌렸던 순간은?

- 늘 비슷한 변명을 하고 있는 나의 습관이 있다면?

사람의 사귐은
가리는 것에서 시작한다

양금택목 良禽擇木

어질 **양**　새 **금**　가릴 **택**　나무 **목**

현명한 새는 나무를 가린다

현명한 새는 썩은 가지가 많은 나무에는 앉지 않는다. 자신도 위험해질 수 있기 때문이다. 풍부한 인간 관계가 주는 장점은 많지만, 그 안에는 자신에게 피해를 주는 사람도 있게 마련이다. 그래서 새가 나무를 선택하듯, 우리도 다가오는 모든 사람과 다 사귈 수는 없는 노릇이다. 아무에게나 마음을 드러내 보여서도 안 되고, 너무 쉽게 믿는 것도 옳은 교제의 방법은 아니다.

- 앞으로 어떤 자리, 어떤 관계 속에 있고 싶은가요?

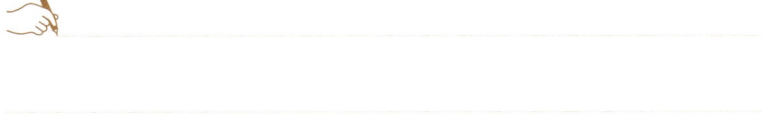

- 앞으로 새롭게 만나는 사람들을 판단하기 위한 나름의 기준을 적어보자.

작은 재주라도
귀하게 봐줄 필요가 있다

계명구도 鷄鳴狗盜

닭계 울음명 개구 훔칠도

닭 울음소리와 개를 통한 도둑질

위기에 빠진 한 사내가 닭 울음소리를 잘 내는 사람과 개를 흉내 내는 재주를 가진 사람의 도움으로 구사일생했다는 내용이다. 이 말은 사소한 재주도 때에 따라서는 매우 유용하게 쓰일 수 있다는 사실을 알려준다. 인간관계를 맺다 보면 특별한 능력이 없어 보이는 사람도 있다. 하지만 그것은 나의 시각일 뿐, 작은 능력과 사소한 재주마저 없는 사람은 없다. 그런 사람도 귀하게 대접해줄 때, 언젠가는 큰 도움이 될 수 있을 것이다.

鷄 鳴 狗 盜

鷄 鳴 狗 盜

- 누군가의 작은 능력으로 도움을 받은 적이 있는가?

- 내가 가진 작고 귀여운 능력 하나는 무엇인가요?

아무리 친해도
지킬 예의는 지켜야 한다

분정항례 分庭抗禮

나눌 **분**   뜰 **정**   맞설 **항**   예의 **예**

정원에 따로 자리를 마련하고 예의로서 대하다

상대가 나의 마음을 알아줄 것이라고 생각하면, 무의식적으로 격도 허물도 없이 대하려는 경우가 있다. 물론 절친함의 표현이기는 하지만, 어느 순간 이는 오히려 서로 멀어지는 결과를 낳을 수도 있다. 마음의 정원 한편에 상대방이 서 있을 굳건한 자리를 마련하고 예의를 갖추는 자세가 필요하다. 그래야 상대도 당신을 예의로서 대할 수 있기 때문이다.

分 庭 抗 禮

分 庭 抗 禮

- 존중은 하지만 거리가 먼 사람은 누구인가요?

- 예의 바르지만 강한 사람이 되려면 바꿔 볼 말버릇은?

사람을 품어주는
그늘이 있어야 한다

악목불음 惡木不蔭

나쁠 **악** 나무 **목** 아니 **불** 그늘 **음**

나쁜 나무에는 그늘이 없다

그늘은 뜨거운 햇볕을 가려주어 누구라도 쉬어갈 수 있도록 해준다. 사람으로 치면 힘들고 고단한 사람의 마음까지 품어주는 편안하고 행복감을 주는 경우라고 할 수 있다. 이런 사람을 만나면 왠지 자신의 잘못이나 실수도 이야기하고 싶고, 그에게 위안을 받고 싶은 마음도 든다. 이런 사람은 다른 이들의 존경을 받기에 주위에 늘 사람들이 많다. 누군가를 위한 그늘을 만들어주는 사람이 되어보면 어떨까?

・나는 어떤 기분으로 하루를 시작하나요?

・좋은 사람으로 성장하기 위한 작은 행동 하나는?

말하는 것보다 더 중요한 것은 듣는 것이다

이청득심 以聽得心

써 **이**　들을 **청**　얻을 **득**　마음 **심**

상대의 말을 경청함으로써 마음을 얻는다

　상대의 말을 잘 듣는 경청은 정보를 얻는 것 이상의 의미를 지니고 있다. 상대방의 말에 귀를 기울이는 것 자체가 일종의 배려이며, 상대를 존중한다는 의미이기 때문이다. 그리고 이 과정을 통해서 듣는 자의 마음이 고스란히 전달된다. 이런 태도를 느끼는 상대방 역시 마찬가지의 정서 상태가 되면서 안정감을 느끼게 된다. 모든 훌륭한 인간관계는 경청에서 시작한다는 사실을 잊어서는 안 된다.

- 누군가 내 말을 끝까지 들어줬던 순간의 느낌은?

- 잘 듣는 사람은 어떤 표정이나 제스처를 하나요?

사람을 차별하면
반드시 해가 되돌아온다

해불양수 海不讓水

바다 **해**　아니 **불**　사양 **양**　물 **수**

바다는 물을 사양하지 않는다

　바다는 물을 마다하지 않는다. 깨끗한 물도 더러운 물도 마다하지 않고 큰 물, 작은 물도 가리지 않는다. 그 어떤 물도 차별하지 않고 모든 물을 다 받아들이는 특징이 있다. 물론 사회생활을 하다 보면 특별하게 좀 더 감사해야 할 사람이 있긴 하겠지만, 눈에 띄게 사람을 차별대우해서는 안 된다. 그들의 서운함이 결국 나에게 불이익으로 돌아올 수 있기 때문이다.

海 不 讓 水

海 不 讓 水

- 내 마음이 좁아졌다고 느꼈던 경험은?

- 주변 사람을 차별대우하지 않으려면 어떻게 해야 할지 적어보자.

가까운 사람일수록
더 귀하게 여겨야 한다

가계야치 家鷄野雉

집가 닭계 들야 꿩치

집에 있는 닭과 들에 있는 꿩

집에서 기르는 닭보다 들판의 꿩을 더 귀하게 여긴다는 고사성어이다. 가까이에 있는 익숙한 것보다는 낯설고 멀리 있는 것을 더 가치 있게 여기는 심리를 말한다. 사실 이는 늘 자신과 함께하는 사람을 소중하게 여기지 않고, 새롭게 인연 맺을 사람을 더 가치 있게 생각하는 것과 비슷하다. 하지만 오랜 시간을 함께 보내온 가깝고 익숙한 사람의 가치가 더욱 소중하다. 당신을 가장 잘 이해하고 도움을 줄 사람임이 틀림없기 때문이다.

家	雞	野	雉
家	雞	野	雉

- 멀어진 뒤에야 소중함을 알았던 사람이 있나요?

- 지금 내 곁에 있는 사람을 지키기 위한 행동 하나는?

나에게 부족한 것을
갖춘 사람을 만나야 한다

마중지봉 麻中之蓬

삼 **마**   가운데 **중**   어조사 **지**   쑥 **봉**

삼밭에 나는 쑥

구불구불한 쑥도 삼밭에서 나면 자연스럽게 꼿꼿하게 자란다는 의미이다. 이 말은 특히 우리 인생에서 사람을 포함한 주변 환경의 중요성을 잘 말해준다. 젊었을 때부터 선택적으로 사람을 사귀기는 쉽지 않다. 하지만 나이가 들고, 지혜가 쌓이면 사람 보는 안목을 갖춰야 하고, 주변 사람을 통해서 나를 올바르게 성장시켜 나가는 방법을 활용해야 한다. 내가 부족한 부분을 갖춘 사람과 자주 교류하면 나의 생각도 서서히 바뀌면서 훨씬 올바른 방향으로 교정될 수 있을 것이다.

- '나도 저렇게 되고 싶다'라는 마음을 들게 한 사람은?

- 내가 무심코 따라하게 된 긍정적인 행동은?

상대방에게 먼저 줄 때, 상대방도 진심이 된다

동심동덕 同心同德

한가지 **동** 마음 **심** 한가지 **동** 덕 **덕**

서로 같은 마음으로 덕을 함께한다

여기에서 덕은 누군가에게 베푸는 은혜이기도 하지만, 한편으로는 능력이나 행위를 의미한다. 즉 타인을 위해 나의 능력을 발휘해주는 것, 이를 통해 상대방이 일정한 도움을 얻도록 하는 것이다. 사실 인간관계에서 기본 중의 기본은 이렇게 먼저 상대방에게 주는 행위이기도 하다. 이를 감사하게 받은 사람은 그때부터는 진심으로 자신의 능력과 행위를 당신을 위해 사용하게 된다.

- 나와 정말 마음이 잘 맞는 사람은 누구인가요?

- 진짜 '한마음'이란 어떤 모습일까요?

신뢰가 전제되지 않으면 아무런 소용이 없다

무신불립 無信不立

없을 **무** 신뢰할 **신** 아니 **불** 설립

믿음이 없으면 설 수 없다

사람과 사람 사이 관계에는 눈에 보이지 않는 믿음이 거의 대부분을 좌지우지한다. 예를 들어 동업을 한다고 했을 때, 아무리 계약서를 철저하게 쓰더라도 믿음이 사라지면 종이쪽지에 불과하다. 그런 점에서 이 믿음이라는 것은 참으로 허약한 존재이기도 하다. 상대를 속이겠다고 마음만 먹으면 언제든지 배반할 수 있기 때문이다. 그러기에 더욱 믿음의 중요성이 강조된다. 관계에서 믿음이 존재하지 않으면 아무것도 존재하지 않는 것과 같다고 생각해야 한다.

無	信	不	立
無	信	不	立

- 신뢰를 주는 사람의 공통된 말투나 태도는?

- 신뢰를 깨는 행동을 보고 배운점이 있다면?

인연은 억지로 잇는다고
이어지지는 않는다

왕자불추 往者不追

지나갈 **왕** 놈 **자** 아니 **불** 쫓을 **추**

지나간 사람은 쫓지 않는다

가는 사람을 붙잡지 않는 것은 한편으로는 냉정해 보이기도 하지만, 또 한편으로는 담백한 인간관계를 유지하는 것이기도 하다. 누구에게나 '시절 인연'이라는 것이 있다. 만나면 헤어지는 것이 이치고, 헤어지면 또다시 만날 가능성이 열려 있다. 관계를 사람의 힘으로 해낼 수 있다고 생각하며 억지로 유지하지 말고, 헤어짐과 만남을 자연스럽게 받아들일 필요도 있다.

往 者 不 追

往 者 不 追

- 지금 나를 붙잡고 있는 '과거 한 조각'은?

- 이제는 끝내야 할 '과거 장면'을 감사로 바꿔 말한다면?

누군가의 흠을 찾으려 한다면 한도 끝도 없다

취모멱자 吹毛覓疵

불 취 털 모 찾을 멱 흠 자

털을 입으로 불어가며 흠을 찾다

남의 약점을 악착같이 찾아내는 야박하고 가혹한 행동을 의미한다. 물론 긍정적인 관계라면 이런 행위를 하지는 않겠지만, 한번 관계가 틀어지면 이런 일은 얼마든지 발생할 수 있다. 따라서 평소에라도 흠이 될 만한 행동은 최대한 하지 않아야 한다. 관계가 나빠졌을 때에는 타인에게 비난받을 빌미가 될 수 있기 때문이다.

吹 毛 覓 疵

吹 毛 覓 疵

- 나의 실수를 지적받을 때 어떤 기분이었나요?

- 타인의 실수에 내가 격려할 수 있는 한마디는?

비밀이 지켜지지 않는 관계는 온전한 관계일 수 없다

절구부제 絶口不提

끊을 **절** 입 **구** 아니 **부** 끌 **제**

입을 다물고 단 한 마디도 꺼내지 않는다

사람은 누구나 비밀을 가지고 있다. 그리고 서로 가까운 사람이라면 상대방의 비밀을 더 잘 알고 있다는 의미이기도 하다. 그럴수록 상대방의 비밀을 더 잘 지켜주어야 한다. 자신이 알고 있는 비밀을 말하고 싶은 충동을 느낄 수 있지만, 결국 그 비밀을 말하는 순간 점점 더 퍼져나가게 되고 나중에는 그 비밀을 말한 내가 곤란한 상황에 처할 수 있다. 관계의 비밀을 잘 지킬 수 있는 사람이 곧 관계를 잘 유지해 나가는 사람이다.

- 말하지 않아서 오히려 후회했던 적은?

- '말 안 하는 용기'와 '말하는 용기' 중 나에게 필요한 것은?

겉모습만으로 사람의 내면까지 판단해선 안 된다

소리장도 笑裏藏刀

웃을 소   속 리   감출 장   칼 도

웃음 속에 칼이 있다

겉으로는 웃고 있지만 속으로는 완전히 다른 마음을 가지고 있는 경우가 많다. 사람에 대한 판단은 몹시 어려운 것이라서, 인상만 가지고 판단할 수 없으며 그가 가진 명성만으로도 가늠하기는 쉽지 않다. 유명한 것은 유명한 것일 뿐, 그 자체로 신뢰의 절대적 조건이 될 수는 없다. 끊임없이 타인을 의심할 수는 없겠지만, 무작정 믿는 것도 좋은 일은 아니다.

笑 裏 藏 刀

笑 裏 藏 刀

- 웃으며 넘겼지만 사실은 상처였던 말은?

- 오늘 '괜찮아' 대신 솔직한 감정 한 줄은?

존재 자체로 인정해주는
환대를 하라

토포악발 吐哺握髮

토할 **토**   먹을 **포**   쥘 **악**   머리털 **발**

먹던 것을 뱉고, 감던 머리를 움켜쥔다

무엇인가를 하고 있을 때라도 그것을 당장 멈추고 귀한 사람을 맞이한다는 의미이다. 이른바 누군가에 대한 '환대'를 의미한다. 환대는 사람을 참으로 기분 좋게 만드는 것이 틀림없다. 존재 자체만으로 인정받고 배려받는 느낌을 주기 때문이다. 누군가가 당신을 만난 것 자체만으로도 반가워하고 즐거워한다면 어떨까? 서로의 관계는 더욱 끈끈해질 수밖에 없다.

吐 哺 握 髮

吐 哺 握 髮

- 나보다 뛰어난 사람을 만났을 때 어떤 기분이 드나요?

- 지금 내곁에 있는 숨은 스승은 누구일까요?

주도권을 쥐기 위해서는 부드러워야 한다

유능제강 柔能制剛

부드러울 **유** 능할 **능** 제압할 **제** 굳셀 **강**

부드러운 것이 강한 것을 제압한다

우리는 강한 사람이 주도권을 쥐고 관계를 더 잘 제어한다고 생각하곤 한다. 하지만 그 강함의 반대편에 있는 사람은 늘 불만을 가지기 쉽고 그래서 언제든 반격을 가할 수가 있다. 그런 점에서 장기적으로 진짜 강한 사람은 부드러움으로 상대방을 대하고, 그것을 통해서 관계를 이어 나가는 사람이다. 관계에서 자신이 어떤 방식으로 상대를 대하는지 되돌아봐야 한다.

- 내 말투는 지금 물인가요, 바위인가요?

- 유연함은 나에게 어떤 색깔일까요?

주변 사람과 함께 단단한 성을 만들라

중심성성 衆心成城

무리 **중** 　 마음 **심** 　 이룰 **성** 　 성 **성**

여럿의 마음이 모이면 성을 이룬다

여러 사람의 마음이 성을 이룬다는 뜻으로, 사람이 마음을 하나로 모아 단결하면 성처럼 굳어진다는 것을 말한다. 실제로 이러한 단결의 힘으로 많은 어려움을 뚫고 나가는 경우가 흔하다. 하지만 사람의 마음이 흩어져 하나가 되지 못하고 나약하게 무너져 내리는 경우가 많다. 지금 함께하고 있는 사람, 혹은 주변의 사람들과 얼마나 단단한 마음의 성을 만들었는가? 인생의 어려움을 이겨 나가려 한다면 마음의 성부터 함께 단단하게 만들어야 한다.

- 함께 힘을 모았을 때 나 혼자보다 잘된 일은?

- 오늘 내가 우리를 위해 먼저 할 수 있는 일은?

자신을 알아봐주는 사람과 사귀어야 한다

백락일고 伯樂一顧

백락(사람 이름)　한 **일**　돌아볼 **고**

백락이 한 번 돌아본다

　백락은 매우 뛰어난 말 감정사이다. 그가 뛰어난 명마를 한번 살펴보면, 세상에 알려질 기회가 생긴다는 의미이다. 사람과 사람 사이에서도 마찬가지이다. 자신의 진정한 모습을 알아봐주는 뛰어난 사람이 있어야만 서로 진심으로 사귀고 또한 서로에게 의미 있는 존재가 될 수 있다. 상대방이 나를 어떻게 대하는지, 무엇을 원하는지를 살펴보면, 그가 나를 어떤 존재로 생각하는지를 알 수 있다.

伯	樂	一	顧
伯	樂	一	顧

- 그 사람의 한마디가 내 삶을 바꿨던 경험은?

- 요즈음 나를 제대로 알아봐 준 사람은 누구인가요?

상대방은 반드시 나에게
영향을 미친다

근묵자흑 近墨者黑

가까울 **근**   먹 **묵**   놈 **자**   검을 **흑**

먹을 가까이 하면 검어진다

　누구와 함께 하느냐에 따라서 성품이 달라진다는 의미이다. 사람은 애초부터 모방하는 존재이다. 아기 때부터 엄마 아빠를 따라 하면서 점차 성장한다. 성인이 되어서도 마찬가지이다. 상대방이 가진 성격과 하는 말, 습관이 나에게 영향을 미치지 않을 수가 없다. 그래서 어른이 되어서도 상대방이 나에게 미칠 영향을 생각해보아야 한다. 혹시 지속적으로 부정적인 영향을 미친다면, 그 사람과의 관계를 다시 생각해보아야 한다.

近 墨 者 黑

近 墨 者 黑

- 요즈음 나를 무겁게 만드는 관계나 분위기가 있다면?

- 건강한 영향을 주는 사람 곁에 머물기 위해 나의 할 일은?

눈치가 빠른 것은 큰 도움이 된다

이시목청 耳視目聽

귀 이　볼 시　눈 목　들을 청

귀로 보고 눈으로 듣는다

소문을 듣고도 알아차리는 것을 말하고, 상대의 표정만으로도 분위기를 파악해내는 경지를 의미한다. 흔히 눈치 빠른 사람을 의미한다. 사실 눈치란 살아가는 데에 많은 도움을 주는 덕목이기도 하다. 누군가의 마음 상태를 빨리 알아낼 수 있다면 그에 적절한 대처를 할 수 있을 것이며, 더 나은 방향으로 바꿔나갈 수 있기 때문이다. 자신이 다소 둔감한 편이라고 생각한다면, 이시목청의 능력을 길러볼 필요도 있다.

耳 視 目 聽

• 내 감각이 둔해졌다고 느끼는 순간은?

• 나는 지금 어디에 집중하고 있나요?

실수를 인정하지 않는 사람을 멀리하라

수석침류 漱石枕流

양치질할 **수**   돌 **석**   베개 **침**   흐를 **류**

돌로 양치질을 하고 흐르는 물을 베개 삼는다

이 말은 물로 양치질을 하고 돌을 베개 삼는다는 것을 실수로 거꾸로 말한 것이다. 이 고사성어는 자신의 잘못을 인정하지 않는 사람을 비판하고 있다. 살다 보면 누구나 실수할 수 있지만, 자신의 잘못을 인정하느냐, 하지 않느냐는 사람마다 다르다. 자신의 잘못을 인정하지 않는 사람은 겸손하지도 않고, 정정당당한 사람도 아니다. 이런 사람을 굳이 가까이 두어서는 안 된다.

漱 石 枕 流

漱 石 枕 流

- 서로 다른 성격인데 잘 맞는 이유는 무엇일까요?

- 오늘 나는 누구에게 좋은 영향을 주었나요?

고압적인 태도로는
사람을 움직일 수 없다

태산압란 泰山壓卵

클 태   뫼 산   누를 압   알 란

태산이 알을 누른다

관계에서도 자신의 권위, 힘으로 상대방을 압박하고 업신여기는 사람이 적지 않다. 요즘 말로는 '갑질'이라고 할 수 있다. 이러한 고압적인 태도를 가진 사람이 주변과 좋은 관계를 가지고 서로 협력하면서 살아가기란 무척 힘들다. 거기다 언젠가 자신이 어려움에 처하게 되어도 도움을 받지 못할 가능성이 크다. 혹시 자신도 주변 사람을 이렇게 대하지 않았는지 반성해 보아야 한다.

泰	山	壓	卵
泰	山	壓	卵

• 요즈음 어떤 상황에서 무기력을 느끼고 있나요?

• 나에게 태산 같은 사람은 지금 누구인가요?

나이가 많다고
반드시 뛰어난 건 아니다

후생가외 後生可畏

뒤 **후**   날 **생**   가히 **가**   두려워할 **외**

뒤에 난 젊은 사람은 두려워할 만하다

후배들이 계속해서 학문을 쌓고 발전하면 선배를 능가할 수 있다는 의미이다. 우리는 인간관계에서 나이로 누군가를 판단하기도 한다. 어리면 세상 물정을 자신보다 모를 것이라고 생각하기도 한다. 하지만 나이가 많다고 반드시 존경할 만한 덕을 가지고 있는 것도 아니고, 어리다고 나보다 못하지도 않다. 나이와 상관없이 상대방에게 배울 점은 배우려는 자세야말로 끊임없이 성장하는 발판이 될 수 있다.

後 生 可 畏

後 生 可 畏

- 나보다 어린 사람에게 감탄한 순간은?

- 오늘은 어떤 후배에게 칭찬을 해볼까요?

과도한 흑백논리로
상대를 단죄하지 마라

삼가재상 三可宰相

석 **삼**   옳을 **가**   재상 **재**   서로 **상**

세 사람이 모두 옳다고 말한 재상

옳고 그른 것을 무 자르듯이 딱 잘라서 말하기는 쉽지 않은 법이다. 그래서 유명한 재상 중의 한 명이었던 황희 정승은 자신의 억울함을 호소하는 세 명의 사람에게 모두 옳다고 말했던 것이다. 관계에서도 마찬가지이다. 좋은 사람, 나쁜 사람은 완전히 구분하기도 쉽지 않고 상대방의 말과 행동을 그르다고 잘라 말하기도 힘들다. 이는 타인의 마음을 좀 더 이해해야만 관계를 이어갈 수 있다는 말이다. 자신에게 의도적인 피해를 주는 사람이 아니라면, 좀 더 넓은 마음을 가져보는 것은 어떨까?

- 지금 내 신뢰지수는 몇 점쯤 되는 것 같나요?

- 나를 꾸준하게 지지해주는 사람은 누구인가요?

한번 받은 도움은 절대로 잊지 마라

각골난망 刻骨難忘

새길 **각**　뼈 **골**　어려울 **난**　잊을 **망**

뼈에 새겨 잊기 어렵다

　남에게 입은 은혜를 뼈에 새길 만큼 잊지 않는다는 의미이다. 보통의 사람들은 자신이 남에게 받은 은혜는 쉽게 잊어버리고, 내가 남에게 준 도움은 잘 잊지 못하고 마음에 담아둔다. 그리고 그것을 생각하며 언제 되돌려 받을 수 있을까 생각한다. 하지만 현명했던 옛사람들은 오히려 내가 남에게 준 도움을 빨리 잊어버리라고 말한다. 상대방에게 계속 무엇인가를 되돌려 받으려고 한다면, 상대방이 나를 대하는 것에 서운함을 느끼게 되고, 온전한 관계가 지속될 수 없다.

刻 骨 難 忘

刻 骨 難 忘

- 고마운 말을 들었을 때, 어떤 기분이 드나요?

- 누군가의 기억 속에 나는 어떤 사람으로 남고 싶나요?

너무 까칠해도
주변에 사람이 없다

구맹주산 狗猛酒酸

개구 사나울맹 술주 초산

개가 사나우면 술이 쉰다

　술집을 지키는 개가 너무 사나우면 손님이 오지 않고 따라서 장사가 되지 않으며, 오래 보관된 술의 맛이 떨어진다는 의미이다. 인간관계에서도 마찬가지이다. 너무 예민하고 까칠하게 말하거나 행동하면 주변에 친구가 없고 그래서 외로움을 느낄 가능성이 커진다. 주변 사람을 부드럽게 대해야 하기도 하지만, 너무 높은 기준을 가지지 말아야 한다는 교훈을 준다. 각자의 생각은 모두 다르기 때문에 너무 내 기준만 내세우다 보면 서로 진실한 마음을 나누기 힘들어진다.

狗 猛 酒 酸

狗 猛 酒 酸

- 요즈음 내 표정 '어서 와요' vs '오지 마' 무엇인가요?

- 따뜻한 첫인상을 위해 내가 노력해야 할 일은?

돈은 돈일 뿐, 결코 인격은 아니다

아심여칭 我心如秤

나**아** 마음**심** 같을**여** 저울**칭**

내 마음이 저울과 같다

어느 한쪽으로 치우침 없이 공평한 마음과 자세를 가지고 있다는 의미이다. 사람을 대우할 때에도 이런 자세가 있어야 한다. 우리는 자신도 모르게 돈이 많은 사람을 우대하고, 그렇지 않은 사람을 무시하는 마음을 가지곤 한다. 하지만 돈은 돈일 뿐, 상대방 인격의 높고 낮음을 의미하지는 않는다. 돈이 많아도 인격이 낮을 수 있다. 돈으로 상대방을 판단하지는 말아야 한다.

- 기분이 안 좋을 때도 나는 공정한 편인가요?

- 저울 한쪽에 사랑, 한쪽에 진실, 어느 쪽이 무거운가요?

지나친 오지랖도 문제가 된다

월조대포 越俎代庖

넘을 **월** 제기 **조** 대신할 **대** 부엌 **포**

제사를 담당하는 사람이 음식을 만든다

자신의 직분을 넘어서는 주제넘은 참견을 의미한다. 혹시 관심이라는 이름으로 주변 사람들에게 너무 주제넘은 참견을 하거나 지나친 오지랖을 발휘하지는 않는지 한번 되돌아보아야 한다. 아무리 친한 사람 사이라도 넘지 말아야 할 선이 있고, 지켜주어야 할 사생활이라는 것이 있다. 이는 가족끼리도 마찬가지이다. 따뜻하게 포용하되 너무 지나친 참견을 하지 말고, 지켜봐 주어야 할 때도 있는 법이다. 늘 관계의 선을 지키는 태도를 지녀야 한다.

越俎代庖

- 내 몫이 아닌 책임을 떠맡고 있는 일이 있다면?

- 내 몫과 남의 몫을 가르는 기준을 세운다면?

격이 맞지 않으면 만나기가 힘들다

대우탄금 對牛彈琴

대할 대 소 우 퉁길 탄 거문고 금

소에게 거문고를 들려준다

사람과 사람 사이에도 '격'이라는 것이 있다. 꼭 지식이나 인품만이 아니라 서로의 취향, 스타일, 성격, 관심사 등이 맞지 않아도 격이 다르다고 할 수 있다. 맞지 않는 것을 억지로 맞추려고 하려면 결국에는 최종적으로 어긋나고 뒤틀리게 된다. 애초에 격이 맞지 않으면 관계를 만들지 않는 것도 인간관계의 지혜이다. 같은 방향을 바라보며 함께 걸어갈 수 있는 관계가 가장 좋은 관계 중 하나일 것이다.

對 牛 彈 琴

對 牛 彈 琴

- 설명보다 공감이 먼저 필요했던 순간은 언제였나요?

- 상대가 나를 이해 못할 때 내가 자주 하는 반응은?

PART 5

습관과 태도
자신을 위험에 빠뜨리는 것은
거의 대부분 자신이다

"탁월함은 행동이 아니라 습관으로 완성된다"

일본 속담에 "좋은 습관이 나쁜 운명을 이긴다."라는 말이 있다. 흔히 '운명'이라고 하면 거스르기 힘든 대세라는 느낌이 든다. 하지만 그것마저도 이길 수 있는 것이 바로 사소한 습관이다. 우리의 24시간을 지배하는 것은 바로 습관과 태도이다. 따라서 이것부터 제대로 만들어야 운명을 자신이 결정할 수 있다. 무엇인가 대단한 일을 해내겠다는 결심도 중요하지만, 매 순간의 습관부터 바로잡아야 한다.

'오늘보다 나은 내일의 나'를 만들자

습여성성 習與性成

익힐**습** 더불**여** 성품**성** 이룰**성**

습관이 오래되면 성품이 된다

우리는 '타고난 성품'이 있다고 말하곤 한다. 그래서 그것은 쉽사리 바뀌지 않고, 환경이 바뀌어도 계속 유지된다고 믿는다. 물론 그럴 수도 있겠지만, 다른 한편에서 현재의 품성은 이미 오랜 과거의 습관을 통해서 이루어진 것이라고 볼 수도 있다. 결국 '이게 나의 타고난 성품이야.'라고 미루어 짐작하지 말고, 분명 그것도 바뀔 수 있는 것이라고 봐야만 한다. 끊임없이 개선의 여지를 찾아본다면, 분명 '오늘보다 나은 내일의 나'를 만들 수 있다.

- 익숙해진 행동 중 좋지 않다고 느낀 게 있다면?

- 이런 습관을 바꾸기 위한 구체적 실천법은?

적지 않은 인생의 문제가 말에서 시작된다

다언삭궁 多言數窮

많을 **다** 말씀 **언** 자주 **삭** 다할 **궁**

말이 많으면 자주 궁해진다

우리가 하는 말들은 복을 부르는 입구(口)이기도 하지만, 화를 부르는 입구이기도 하다. 말 한마디로 서로 기분이 좋아질 수도 있지만, 되돌릴 수 없는 문제를 만들기도 하기 때문이다. 사실 말은 거의 습관에 속한다. 따라서 평상시의 말버릇을 어떻게 길들이느냐에 따라서 삶의 다양한 부분이 영향을 받곤 한다. 출발점은 말을 줄이는 것에서부터 시작해야 한다. 그것이 지혜로운 사람으로 가는 첫 발걸음이 될 수 있다.

- 듣는 게 주특기인 사람 한 명 떠올려볼까요?

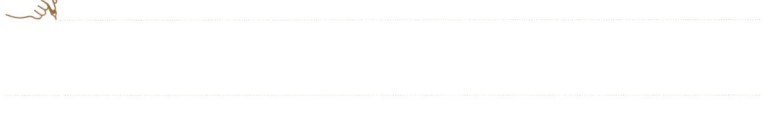

- 말의 '양'보다 '질'을 높이기 위한 내 실천은?

나의 말은 모두가 듣고 보고 있다

사불급설 駟不及舌

말네필**사** 아니**불** 미칠**급** 혀**설**

네 마리 말이 끄는 마차도 사람의 혀에 미치지 못한다

우리의 말버릇이 중요한 또 하나의 이유는 그 확산 속도가 엄청나게 빠르기 때문이다. 특히 오늘날에는 더욱 빨라졌다. 각종 SNS에 올리는 글 한 줄, 사진 한 장이 삽시간에 퍼져나가기 때문이다. 또 누군가는 내가 했던 말을 자신의 SNS에 올릴 수도 있다. 따라서 말을 할 때에는 모두가 나를 지켜보고 있다는 생각을 전제하는 것이 좋다. 그래야 좀 더 신중하고 조심스러워질 수 있다.

駟不及舌

駟不及舌

- 내가 하지 말았어야 했던 말 한마디는?

- 오늘 참아서 다행이었던 순간은?

위험이 없을 때
위험을 생각해야 한다

거안사위 居安思危

살 **거**   편안 **안**   생각할 **사**   위태할 **위**

편안할 때 위태로움을 생각하다

사람의 생각은 거의 습관적으로 대부분 현재에 머물러 있다. 물론 과거를 추억하거나 미래를 염려하기도 하지만, 현재가 나의 기분과 태도, 감정을 좌우한다. 문제는 지금 그리 나쁘지 않다고 안심하면 앞으로 닥칠 위험을 생각하기가 쉽지 않다는 점이다. 따라서 편안할 때 위태로움을 생각하며 대비해야 하고, 위태로울 때에는 편안할 수 있는 대비를 해야 한다.

居 安 思 危

居 安 思 危

- '이거 너무 잘 풀리는데' 살짝 겁났던 순간은?

- 내일을 위해 지금 챙겨둬야 할 게 하나 있다면?

오늘의 작은 노력이
미래의 성과로 이어진다

수적천석 水滴穿石

물 수 물방울 적 뚫을 천 돌 석

떨어지는 물방울이 돌을 뚫는다

 큰돈을 벌기 위해서는 푼돈부터 중요하다는 사실을 알아야 하듯, 큰일을 해내기 위해서는 매일매일 자신이 하는 작은 노력이 얼마나 의미가 있는지부터 명심하고 실천하는 태도를 갖춰야 한다. 하지만 평소 우리는 작은 노력을 무시하는 경향이 있다. 그렇게 해 봐야 얼마나 대단한 일을 하겠냐는 식이다. 그렇지 않다. 오늘 하는 작은 노력 하나하나가 미래의 큰 성과를 위한 토대가 될 수 있기 때문이다.

水	滴	穿	石
水	滴	穿	石

- 하루 5분이라도 투자하고 싶은 일은?

- 매일 1%씩 성장한다면 1년 뒤 나의 모습은?

겸손이 부르는 이익에 주목해야 한다

만손겸익 滿損謙益

가득 찰 **만** 줄어들 **손** 겸손할 **겸** 늘어날 **익**

가득 차면 줄어들고 겸손하면 늘어난다

겸손은 상대방을 기분 좋게 하는 미덕을 가지고 있다. 반대로 오만한 모습을 보이면 상대방은 오히려 사람을 무시하곤 한다. 중요한 것은 겸손한 사람은 도와주려고 하려는 반면, 오만한 사람은 굳이 도우려 하지 않는다는 점이다. 겸손이 이익을 부르는 원리가 바로 여기에 있다. 늘 자신의 부족함을 인정하는 모습을 보이면, 상대방은 더 많이 당신을 도와주려고 할 것이다.

滿 損 謙 益

滿 損 謙 益

- 자기 주장만 강한 사람을 보며 내가 느끼는 점은?

- 오늘 '감사합니다'라는 말을 몇 번이나 했나요?

대부분의 고난은
스스로가 만들어 낸다

작법자폐 作法自斃

지을**작** 법**법** 스스로**자** 죽을**폐**

자신이 만든 법에 자신이 해를 입는다

객관적인 환경이나, 주변 사람에 의해서 인생의 고난이 생기는 경우도 있다. 하지만 대부분은 스스로가 자신의 고난을 자초하곤 한다. 위 고사성어에서의 '법(法)'은 잘못된 원칙, 바르지 못한 판단력, 스스로 만든 나쁜 습관을 의미한다. 이런 것들은 다른 사람이 강요할 수 없는 부분이라, 스스로 만들 뿐이다. 혹시 자신을 해하는 '법'을 스스로 만들지는 않았는지 되돌아봐야 한다.

| 作 | 法 | 自 | 斃 |

| 作 | 法 | 自 | 斃 |

| | | | |

- 너무 완벽하려다 시작조차 못한 일은?

- 지금 하나쯤 내려놓아도 되는 나의 기준은?

작은 흠에 연연하지 말고
숲을 보라

구우일모 九牛一毛

아홉 **구**   소 **우**   한 **일**   터럭 **모**

아홉 마리 소 가운데 털 하나

나무를 보지 말고 숲을 보라는 말이 있다. 너무 작은 것에 연연하다 보면 전체를 제대로 볼 수 없다는 말이다. 구우일모 역시 마찬가지이다. 아홉 마리의 소 가운데 털 하나면 얼마나 작은 것이겠는가? 털 하나에 일희일비해서는 앞으로 전진하지도 못하고 일을 끝까지 마무리하기도 힘든 법이다. 대세에 크게 영향을 미치는 것이 아니라면, 과도하게 신경을 쓰지 않는 자세를 가져야 한다.

• 크게 걱정했지만 사실 별일 아니었던 일은?

• 오늘 하루 중 제일 사소하지만 가장 웃겼던 순간은?

문제의 화근을 안고
문제를 해결할 수는 없다

포신구화 抱薪救火

꺼안을 **포**   땔나무 **신**   구원할 **구**   불 **화**

땔나무를 껴안고 불을 끈다

문제를 안고 있으면서 문제를 해결하려면 어떻게 해야 될까? 당연히 문제가 해결되지도 않을 뿐만 아니라 더 큰 문제가 생길 것이다. 이는 이미 잘못된 문제부터 말끔하게 해결해야 한다는 의미이다. 사람 관계에서도, 일의 진행에서도 일단 잘못된 문제가 있었다면, 더 이상 진행할 것이 아니라 일단 멈추고 지난 문제를 해결하고 다시 전진해 나가야 한다. 덮어둔 문제는 언제든 화근이 되어 다시 문제를 일으킬 것이기 때문이다.

抱 薪 救 火

抱 薪 救 火

- 선의로 했지만 결과가 안 좋았던 일은?

- 문제를 키우지 않기 위해 조심하고 싶은 습관은?

태연함은
자신을 다스리는 능력이다

언소자약 言笑自若

말씀 언　웃을 소　스스로 자　같을 약

말하고 웃는 것이 태연하다

태연하다는 것은 흔들리지 않고 침착한 것을 말한다. 늘 이러한 마음의 태도를 가지면 다방면에서 도움이 된다. 일단 안정된 상태이기 때문에 문제가 생겨도 쉽게 무너지지 않고, 조용하면서도 객관적인 자세를 유지할 수 있다. 문제를 훨씬 효율적으로 해결할 수 있다. 또한 이러한 자세는 주변 사람에게도 안정감을 주어서 믿고 따를 수 있도록 해준다. 함께 무엇인가를 도모하기에도 최적의 상태가 된다. 그러니 자신을 다스리는 능력, 태연함을 길러야 한다.

- 내가 긴장할수록 의식적으로 유지하려는 행동은?

- 여유 있고 침착한 사람이 되기 위해 할 수 있는 작은 실천은?

흔쾌해지기 위해서는
힘든 일부터 먼저 해결하라

선우후락 先憂後樂

먼저 **선** 걱정할 **우** 다음 **후** 즐거울 **락**

남보다 먼저 걱정하고 나중에 즐거워한다

세상을 먼저 걱정하고, 많은 사람들이 행복해진 뒤에야 비로소 자신도 즐거움을 느끼는 지도자의 자세에 관한 고사성어이다. 이는 우리의 인생에도 고스란히 적용된다. 인생에는 힘든 일과 즐거운 일이 끊임없이 반복되지만, 즐거운 일을 먼저 추구하기보다는 힘들고 어려운 일부터 먼저 해결하려는 자세를 갖춰야 한다. 그래야 즐거움이 배가되고 흔쾌해지지 않을까?

先 憂 後 樂

先 憂 後 樂

- 나는 먼저 걱정파인가, 나중 걱정파인가?

- 오늘 하루 중 가장 먼저 해야 할 일은?

지혜로운 사람은
늘 대비책이 있다

교토삼굴 狡兔三窟

교활할 교 토끼 토 셋 삼 동굴 굴

영리한 토끼는 세 개의 굴을 판다

삶은 끊임없는 돌출 변수의 연속이다. 언제 어디서 변수가 생길지 알 수 없을 정도로 때로는 복잡하고 힘들기도 하다. 하지만 지혜로운 사람은 늘 이러한 변수에 대비하는 자신만의 플랜 B를 만들어 놓는다. 더 나아가 플랜 C, 플랜 D까지 만들어 놓으면 설사 문제가 생겨도 그것으로 많은 손해를 입는 일은 줄일 수 있다. 언제나 위험에 대비하며 미리 굴을 파놓는 지혜로운 사람이 되어야 한다.

狡 兎 三 窟

狡 兎 三 窟

- 위기 순간 '준비된 편'인가 '직감형'인가?

- 내가 무인도에 가면 꼭 챙길 세 가지는?

이미 혼란해진 것들을
다시금 바로잡다

방촌이란 方寸已亂

방촌(사람의 생각이나 마음) 이미 **이** 어지러울 **란**

마음이 이미 혼란스러워졌다

마음이 혼란스러워지면 모든 것이 혼란해진다. 하지만 비록 그런 상황이 펼쳐지더라도 우리는 언제든 다시 바로잡을 수 있는 힘이 있다. 계획이 뒤틀렸다는 사실을 아는 순간 다시 계획을 세우고, 그로 인해 혼란해진 마음도 다시 바로잡아야 한다. 이렇게 계속해서 혼란해지는 것들을 다시 바로잡는 습관을 가진다면, 그 혼란이 우리를 무너뜨리는 일은 없을 것이다.

方 寸 已 亂

方 寸 已 亂

- 요즈음 내 마음속 가장 시끄러운 목소리는 누구인가요?

- 복잡한 마음을 리셋시켜 주는 나만의 방법은?

초인적인 힘도 결국 집중력에서 나온다

사석위호 射石爲虎

쏠 사   돌 석   할 위   호랑이 호

호랑이인 줄 알고 쏘았더니 돌에 화살이 꽂혔다

집중력은 단순히 정신을 하나로 모으는 것만이 아니라, 자신이 할 수 있는 모든 정성을 압도적으로 쏟아붓는 것을 의미한다. 이때에는 평소의 노력으로 부족했던 부분이 채워지고, 평소보다 더 강한 힘을 낼 수 있다. 호랑이를 만난 긴장감에 온 힘을 다해 활을 쏘았더니 화살이 돌에 꽂힌 이유도 바로 여기에 있다. 집중하면 평소에 낼 수 없었던 초인적인 힘도 만들어 낼 수 있다.

射 石 爲 虎

射 石 爲 虎

- 최근 내가 괜히 두려워했던 일은 무엇인가요?

- 그땐 정말 무서웠는데 지금 생각하면 웃긴 일은?

완벽한 삶을 살 수는 없지만, 느슨하게 살 수도 없다

소극침주 小隙沈舟

작을 소 틈 극 가라앉을 침 배 주

조그만 틈으로 물이 스며들어 배가 가라앉는다

　작은 노력이 큰 성과를 만들기도 하지만, 반대로 작은 실수들이 모여 큰 문제를 만들기도 한다. 물론 우리는 완벽하게 살 수 없고, 완벽주의와 같은 태도는 삶을 더욱 힘들게 만들기도 한다. 하지만 그렇다고 계속해서 틈을 허락하고, 잦은 실수를 반복할 수는 없다. 완벽해지지는 않더라도, 너무 느슨해지지 않도록 경계심을 풀어서는 안 된다.

小 隙 沈 舟

小 隙 沈 舟

- 내가 미뤄 놓은 채로 지내고 있는 일이 있다면?

- 나를 흔드는 작은 불안의 씨앗은 무엇인가요?

자신을 발전시키는 일과 분수를 넘어서는 일은 다르다

소림일지 巢林一枝

둥지 소 수풀 림 한 일 가지 지

새집은 숲속의 가지 하나로 충분하다

작은 집에 살면서 만족한다는 의미로서, 자기 분수에 맞게 생활하고 과분하게 무엇인가를 바라지 않는 자세를 가지라는 교훈이다. 분수란 '행동의 한도'를 뜻한다. 분수를 넘게 되면 자신의 위치나 능력, 역할에서 과도하게 초과된다. 신용카드 한도를 초과해서 사용하면 안 되듯, 생각과 행동도 너무 과도하게 자유로우면 문제가 생길 수 있다.

- 내가 '조용히 기여하고 있는 일'이 있다면?

- 내가 잘 어울리는 '숲 같은 사람들'은 누구인가요?

정체되는 것을 극히 경계해야 한다

호추불두 戶樞不蠹

호추(문지도리) 아니 불 좀먹을 두

문지도리는 좀이 슬지 않는다

문지도리는 문을 열고 닫는 역할을 하는 것으로, 끊임없이 움직이기 때문에 벌레에 의해서 좀이 슬거나 썩지 않는다는 의미이다. 열심히 노력하고 활발하게 움직이면 몸과 마음이 모두 건강해진다는 뜻이다. 하지만 때때로 우리는 감정적인 이유 때문에, 또는 마음의 여러 문제로 인해 활기를 잃고 정체되는 경우가 많다. 이런 시간이 길어질수록 문제는 더욱 악화되기 마련이다. 매일 활기차고 긍정적으로 살겠다는 의지로 정체되지 말아야 한다.

- 움직이면 기분 좋아지는 시간 또는 장소는?

- 조금씩이라도 매일 하고 싶은 나의 루틴은?

누군가 나를 욕해도
신경 쓰지 않는 습관을 길러라

덕고훼래 德高毀來

덕 덕 높을 고 헐 훼 올 래

덕이 높으면 헐뜯는 일이 따라온다

자고로 누군가 앞에서 대놓고 헐뜯기는 쉽지 않다. 그런 점에서 익명성이 전제되는 인터넷 공간에서는 남을 비난하는 일도 많고, 비난당하는 일도 적지 않다. 하지만 여기에 너무 예민하게 반응하면 마음이 무너지고 생활이 제대로 이루어지지 않는다. 누군가의 근거 없는 비난이라면 신경 쓰지 않는 습관도 길러야 한다.

德 高 毀 來

- 나는 잘하고 있음에도 오해받았던 경험은?

- 열심히 했는데 험담을 들었을 때의 감정은?

자신이 잘하는 일 때문에
곤란한 상황에 처할 수 있다

선유자익 善游者溺

잘할 **선** 헤엄칠 **유** 놈 **자** 빠질 **익**

수영을 잘하는 사람이 물에 빠진다

사람은 누구나 잘하는 일이 있지만, 때로는 그것 때문에 곤란한 상황에 처할 수도 있다. 자신이 어떤 일에 자신을 가지게 되면 조심스러움이 줄어들게 되고 경각심 없이 그 일을 수행한다. 하지만 누구나 실수를 하게 되고, 한 번의 큰 실수가 돌이킬 수 없는 결과를 만들기도 한다. 자신이 잘하는 분야, 잘하는 일일수록 매번 그것에 조심스럽게 접근해야 한다.

善 游 者 溺

善 游 者 溺

- 너무 자신 있어서 방심했던 일은 무엇인가요?

- 잘한다고 생각했지만 더 배워야 한다고 느꼈던 분야는?

고정관념이 바뀌지 않으면 나도 바뀌지 않는다

금선탈각 金蟬脫殼

금선(황금 매미) 벗어날 **탈** 껍질 **각**

황금빛 매미가 허물을 벗는다

매미는 오랜 시간 애벌레로 있다가 겨우 허물을 벗고 그 황금빛 자태를 자랑한다. 이는 과거의 자신에게 벗어나 새로운 자신을 만들어 나가는 모습을 상징한다. 사람의 경우에는 고정관념이라는 허물을 벗어나야 진정한 변화가 시작된다. 아무리 외형이 바뀌어도 생각이 바뀌지 않으면 삶의 방식도 달라지지 않는다. 생각이 바뀌는 그 순간, 우리의 인생도 달라질 수밖에 없다. 자신을 지배하고 있는 고정관념이 무엇인지 알고 그것을 바꿔보려는 노력을 해야 한다.

金 蟬 脫 殼

金 蟬 脫 殼

- '회피'가 아닌 '지혜로운 후퇴'라고 느낀 적이 있나요?

- 어색한 자리에서 '슬쩍 빠져나오는 기술'이 있다면?

칭찬을 듣든 비난을 듣든, 모두 내가 하기 나름이다

창랑자취 滄浪自取

큰바다 **창** 물결 **랑** 스스로 **자** 취할 **취**

큰 바다의 물결은 스스로 취하는 것이다

바다의 물결이 고요하든, 거칠게 파도치든 결국 모두 바다 스스로 하는 일일 뿐이다. 이 말은 살면서 좋은 말로 칭찬을 듣든 거친 말로 비난을 듣든, 모두 자기 자신에게 책임이 있다는 의미이다. 실제로 돌이켜보면 내가 만들지 않은 것은 없고, 내가 취하지 않은 것은 없다. 그리고 그로 인한 성과도, 잘못도 오롯이 나의 것일 뿐이다. 쉽게 말하면 '내가 하기 나름'이다. 이런 생각을 가지고 살아간다면 더 강한 책임감으로 살아갈 수 있지 않을까?

滄浪自取

滄浪自取

- 최근 스스로 문제를 키웠던 일은 무엇인가요?

- '그땐 왜 그렇게 예민했지' 싶은 순간은?

현재의 상황만으로 상대방을 판단하지 마라

전거후공 前倨後恭

앞 **전** 오만할 **거** 뒤 **후** 공손할 **공**

이전에는 거만하다가 나중에는 공손하다

우리는 상대방의 상황과 처지에 따라 태도를 빠르게 변화시키기도 한다. 지위가 높으면 공손해지기도 하지만, 하찮다고 여겨지는 사람이라면 거만해지기도 한다. 문제는 사람의 처지와 상황은 언제 달라질지 아무도 알 수 없다. 과거에 무시했던 사람의 처지가 바뀌어 공손하게 대한다면 진실한 사람이 될 수 없다. 따라서 현재의 상태로만 상대방을 판단하는 일이 있어서는 안 된다.

前倨後恭

前倨後恭

- 지위나 외모로 사람을 오해했던 경험은?

- 누군가를 처음 만났을 때 꼭 지키고 싶은 태도는?

자신에게도 엄격한 기준과 잣대를 들이대야 한다

목불견첩 目不見睫

눈 **목** 아니 **불** 볼 **견** 속눈썹 **첩**

자기 눈으로 자기의 속눈썹을 볼 수 없다

'내로남불'이라는 말이 많이 쓰인다. 내가 하는 것은 괜찮지만, 남이 하는 것은 강하게 비난하는 것을 말한다. 말 그대로 자기의 눈으로 자기의 잘못을 보지 못할 때 쓰이곤 한다. 이는 기준이나 잣대가 다르기 때문이다. 자신에게는 관대하고 부드러운 기준을 사용하고, 남에게는 완전히 다른 기준을 적용한다. 하지만 자신에게도 엄격한 기준을 적용하여 생각하고 행동한다면, 남들에게 비난받을 일이 훨씬 줄어들 것이다.

| 目 | 不 | 見 | 睫 |

| 目 | 不 | 見 | 睫 |

| | | | |

- 너무 익숙해서 소중함을 잊고 있는 것은?

- 거울 보기 전까지 몰랐던 내 표정이나 특징은?

늘 각성하는 태도로
깨어 있는 삶을 유지하라

패령자계 佩鈴自戒

찰**패** 방울**령** 스스로**자** 경계할**계**

방울을 차서 스스로 경계하다

외부의 자극이 없으면 스스로를 변화시키기 어렵다. 존경할 만한 멘토가 계속해서 지적해주면 교정이 가능하겠지만, 그것 역시 쉬운 일만은 아니다. 따라서 외부의 도움이 없더라도 스스로 끊임없이 각성할 필요가 있다. 근처에서 방울이 울리는 순간 깨어나는 일을 만들어야 한다. 이를 통해서 무의식적으로 살아가는 삶에서 의식적으로 살아가는 삶으로 나아갈 수 있다.

佩 鈴 自 戒

佩 鈴 自 戒

- 요즈음 내게 가장 필요한 '내면의 경고'는 무엇인가요?

- '살짝 멈춰서 좋았던 순간'이 있다면?

확실하지 않은
지식에서 멀어져야 한다

궐의신언 闕疑愼言

빠뜨릴 **궐** 의심할 **의** 삼갈 **신** 말씀 **언**

의심스러운 것은 빼고 말을 삼가다

    가짜 뉴스가 범람하는 시대이다. 아무 의심 없이 이런 것들을 믿게 되면 잘못된 판단으로 이어지고, 시간과 에너지를 낭비하게 된다. 심지어 자신이 잡을 수 있는 기회마저 사라지게 된다. 비록 자신의 의견과 반대되는 지식이라도 다시 한번 생각해보고, 현재 자신이 믿고 있는 것이라도 의심스러운 부분이 있는지 살펴봐야 한다.

闕疑愼言

闕疑愼言

- 내가 하지 말았어야 할 조언이나 충고는?

- 내가 생각하는 좋은 말투는?

때로는 배수진을 치는 것도 방법이다

파부침주 破釜沈舟

깨뜨릴 **파** 가마 **부** 잠길 **침** 배 **주**

솥을 깨뜨리고 배를 가라앉힌다

언제나 '믿는 구석' 하나 정도는 있을 수 있다. 위기의 상황이나 어려움이 닥쳤을 때 믿고 의지할 수 있는 것이다. 하지만 때로는 이 '믿는 구석'이 '도망갈 구석'이 되기도 한다. 언제든 피신할 수 있기 때문에 간절함이나 처절한 노력을 기울이지 못하게 된다. 밥을 지어 먹는 솥을 깨뜨리고 돌아갈 배를 가라앉힌다는 것은 바로 이러한 도망갈 구석을 스스로 제거해서 배수진을 치는 것이다. 때로는 이런 간절한 자세가 더 나은 결과를 만들 수 있다.

破 釜 沈 舟

破 釜 沈 舟

- 절실함이 나를 움직이게 했던 순간은?

- 물러서지 않고 나아가기 위해 내가 버려야 할 것은?

유혹을 이겨야 비로소
자기 신뢰가 생긴다

목인석심 木人石心

나무**목** 사람**인** 돌**석** 마음**심**

나무 같은 사람과 돌 같은 마음

유혹에 흔들리지 않는 단단함을 기르라는 의미이다. 사실 유혹은 순간적으로 다가오고 매우 빠르게 우리를 산만하게 만든다. '이거 하나쯤은 괜찮지 않아?'라는 생각이 단단한 마음에 균열을 부른다. 더불어 계속해서 유혹당하게 되면 자기 자신을 믿을 수 없는 상태에까지 이르게 된다. 자신에 대한 신뢰를 만들어내기 위해서도 유혹에서 멀어지는 단단한 마음을 가져야 한다.

- 마음을 단단히 먹고 끝까지 해낸 일은?

- 요즈음 내가 단단해지고 싶은 마음의 부분은?

선견지명으로
결단력을 발휘하라

곡돌사신 曲突徙薪

굽을 **곡** 굴뚝 **돌** 옮길 **사** 땔나무 **신**

굴뚝을 구부리고, 땔나무를 옮긴다

앞날을 내다보는 선견지명은 우리 삶에서 매우 중요한 역할을 한다. 문제의 소지를 사전에 없앨 수 있기 때문이다. 불이 번지기 전에 굴뚝을 구부리고 땔나무를 옮기는 일도 결국 선견지명이 있기 때문에 가능한 일이다. 그런데 더 중요한 것은 바로 결단력이다. 아무리 앞날을 내다봐도 결단해서 바꾸지 못하면 발전도 없기 때문이다.

曲 突 徙 薪

曲 突 徙 薪

- '미리 할걸 그랬다' 후회했던 순간은?

- 지금 가장 신경을 써서 대비해야 할 부분은?

크고 대단한 일도
디테일에서부터 시작된다

약팽소선 若烹小鮮

같을 **약** 삶을 **팽** 작을 **소** 생선 **선**

작은 생선을 삶는 것과 같다

작은 생선을 삶는 일은 어렵다. 살이 부드러워서 이리 저리 뒤집으면 쉽게 부서져서 모양이 어그러지고 만다. 그만큼 세심한 손길이 필요하고, 조심하는 마음이 있어야 한다. 큰 일, 위대한 일도 결국에는 작은 디테일이 결정한다. 천사도 악마도 모두 디테일 안에 숨어있다고 하는 이유도 바로 여기에 있다. 디테일이 최종 결과물을 만든다는 생각을 가져야 한다.

若 烹 小 鮮

若 烹 小 鮮

- 내 일상 속 '작은 생선'은 무엇인가?

- 덜 뒤집고 더 집중해야 할 부분은 무엇인가?

배울 점이 없는 사람은 없다

공자천주 孔子穿珠
구멍 **공** 아들 **자** 꿸 **천** 구슬 **주**

공자가 구슬을 꿴다

공자는 지혜로운 사람이었지만, 구슬 꿰는 방법을 잘 몰라 동네의 아낙네에게 그 방법을 물어보고 구슬을 꿸 수 있었다는 의미이다. 누구라도 세상의 모든 일을 잘 알기는 힘든 법이다. 그래서 자신보다 지식이나 지혜가 적은 사람에게도 늘 배워야 한다. 이렇게 누구에게라도 배워서 깨우치겠다는 자세를 가지고 있다면, 훨씬 더 많은 것을 깨우치며 살아갈 수 있다.

孔 子 穿 珠

孔 子 穿 珠

- 작은 일에 집중했더니 뿌듯했던 순간은?

- 지금 정성스럽게 가장 해 보고 싶은 일은?

남에게 보이기 위한 것이 아닌, 나를 위한 행동을 해라

금의야행 錦衣夜行

비단 **금** 옷 **의** 밤 **야** 다닐 **행**

비단옷을 입고 밤길을 걷다

우리는 때로 남들에게 보이기 위한 행동을 하기도 한다. 적절할 때에는 필요할 수도 있지만, 지나치게 남들을 신경 쓰는 태도는 자신의 충실함을 만들어 나가기에는 방해물이 되기도 한다. 비단옷을 입어도 사람이 없는 밤길을 걸어봐야 무슨 소용이냐고 할 수도 있지만, 때로는 나를 사랑하고, 나를 위해서 비단옷을 입고 밤길을 걸어다닐 필요도 있다. 내가 남들에게 어떻게 보이느냐보다, 내가 나를 어떻게 사랑하느냐가 더 중요하다.

錦 衣 夜 行

錦 衣 夜 行

- 내가 조용히 이뤄낸 성취는 어떤 게 있나요?

- 조용히 빛나고 있었던 나에게 해주고 말은?

삶의 열매를 위해 충분히 투자하라

화이부실 華而不實

빛날 **화** 말 이을 **이** 아닐 **부** 열매 **실**

꽃은 있지만 열매는 없다

원래는 화려한 외형에 비해 내실이 없다는 의미이지만, 우리가 주목해야 할 것은 왜 그런 결과가 발생하느냐는 점이다. 이는 열매를 충실하게 만들기 위한 투자가 없었기 때문이다. 책을 읽든, 사람에게서 배우든 계속되는 인풋이 있어야 아웃풋이 만들어진다. 이때 비로소 꽃도 있지만 열매도 있는 상태가 될 수 있다. 자신의 실력을 발휘하는 시간도 있어야겠지만, 그 실력을 충실하게 하는 자기 투자도 분명 있어야 한다.

華而不實

華而不實

- 겉으로 멋져 보였지만 실속 없던 나의 행동은?

- 나의 진짜 매력은 겉이 아니라 어디에 있나요?

자신이 무엇을 안다고
단정 짓지 마라

정중지와 井中之蛙

우물 정 가운데 중 어조사 지 개구리 와

우물 안의 개구리

좁은 식견으로 자신이 아는 것이 전부라는 의미이다. 이러한 좁은 식견에서 벗어나기 위해서는 내가 모르는 것도 분명히 있다는 사실을 인정하는 것에서 출발해야 한다. 이제까지의 경험과 지식으로 세상을 재단할 수 있다는 근거 없는 자신감을 버리고, 나는 꽤나 세상을 잘 알고 있다는 자만심도 버려야 한다. 바로 여기에서부터 우리는 우물 위로 올라설 수 있고, 비로소 세상을 향해 뛰쳐나갈 수 있을 것이다.

井 中 之 蛙

井 中 之 蛙

- 배움에 있어 내가 가장 경계할 태도는?

- 지금 내가 갇혀있는 우물은 어디인가요?

기본부터 서지 않으면 나아갈 수가 없다

본립도생 本立道生

근본 **본**   설 **립**   길 **도**   날 **생**

기본이 서면 나아갈 길이 생긴다

　기본과 기초가 중요하다는 사실을 알고 있으면서도, 의의로 무시하는 경우가 있곤 한다. 낮은 단계에 머물기보다는 더 빨리 높이 오르려고 하는 마음이 강하기 때문이다. 하지만 기본은 그 스스로 나를 전진시키는 힘이 있다. 하나를 잘하게 되면 두 개를 잘하게 되고, 두 개를 잘하면 세 개를 자연스럽게 잘하게 된다. 그리고 이 모든 과정이 다 탄탄하게 전개되어 흔들림이 없다. 다시 기본으로 돌아가 더 단단한 나를 만들어 보자.

本	立	道	生
本	立	道	生

• 어떤 상황에서도 내가 지키고 싶은 인간관계 기준은?

• 이루고 싶은 목표를 위해 지금 먼저 다져야 할 기본기는?

위엄으로 무게감과 존재감을 갖춰라

불악이엄 不惡而嚴

아닐 **불** 미워할 **악** 어조사 **이** 엄할 **엄**

미움 없이 위엄으로 한다

위엄은 단순한 엄격함이나 무서움이 아니며 나이와도 큰 상관이 없다. 말이나 행동에서 흘러나오는 무게감이며, 동시에 사람들에게 존중을 불러일으키는 존재감이기도 하다. 이를 갖추기 위해서 가장 중요한 것은 단연 '내면의 태도'이다. 자신의 내면을 어떻게 가꾸느냐가 타인에게 보이는 나의 모습을 결정하게 된다. 위엄은 순조롭게 일하며, 좋은 관계를 맺을 수 있는 매우 훌륭한 태도가 아닐 수 없다.

- 내가 생각하는 '따뜻한 엄격함'이란 어떤 모습일까?

- 나는 어떤 사람으로 기억되고 싶은가요?

무겁게 시작하고
최선을 다해 끝맺어야 한다

신시경종 愼始敬終

삼갈 **신** 처음 **시** 공경할 **경** 마칠 **종**

처음을 삼가고 마지막을 경건히 하라

항상 어떤 일을 시작할 땐 신중하게 하고 끝맺음을 잘하라는 의미이다. 우선 시작이 가볍다면 중심이 흔들리기 쉽다. 가벼운 마음으로 대충 시작하면 어려움이 왔을 때 쉽게 흔들리고 포기하게 마련이다. 또 끝을 맺을 때는 '대충 이 정도면 되겠지.'라고 생각해서는 안 된다. 모든 것의 완성은 마지막이 결정하기 때문이다. 따라서 늘 처음을 신중하게 하고 끝을 완벽하게 하기 위해 노력해야 한다.

愼 始 敬 終

愼 始 敬 終

- 내가 자주 후회하는 일에는 어떤 공통점이 있는가?

- 내가 진심으로 중요하게 여기는 가치는 무엇인가?

에필로그

의식이 머무는 곳에 에너지가 흐른다

　글자는 단순한 기호가 아니다. 그 안에는 인류의 철학과 신념과 세계관이 담겨 있다. 그래서 글자를 필사한다는 것은 그 안에 있는 의미를 배우고 내면화하는 것은 물론, 실천할 수 있는 기반을 만드는 것이라고 할 수 있다.

　180개 고사성어를 필사하면서 독자 여러분은 자신의 삶을 되돌아보고, 숨을 고르고, 어떻게 살아가야 할지 성찰하는 시간을 보냈을 것이다. 이제부터 중요한 것은 자신의 삶에서 실천을 통해 다시 한번 필사하는 일이다. 손으로 쓰고 배우는 것에 그치지 않고 사람과의 관계에서, 또 나의 삶에서 다시 한번 고사성어의 내용을 실천하는 것이야말로 진정한 필사의 완성이 아닐 수 없다.

　어느 순간 감정이 소용돌이칠 때, 누군가가 미워질 때, 자꾸 욕심이 날 때에는 다시 한번 이 책을 펼쳐보는 것은 어떨까? 공부는 결국 끊임없는 반복이라는 점에서 계속되는 각인의 과정은 반드시 필요하다. 더 나아가 이 책을 통해서 앞으로 자신이 어떤 태도를 취해야 하는지, 어떤 마음가짐을 가져야 하는지 끊임없이 기록해 왔을 것이다. 과거의 내 생각을 다시 반추하는 것은 오늘의 나를 재검토하고, 다시 한번 마음의 각오를 다질 수 있는 매우 훌륭한 계기가 되어 준다. 영화와 드라마, 책 모두 한 번 볼 때와 두 번 볼 때는 그 감흥이 다를 수밖에 없다. 스쳐 지나갔던 디테일이 보이고, 미처 생각하지 못했던 의미를 더 깊게 탐색할 수도 있다.

필사도 마찬가지다. 두 번 써보고, 세 번 써볼 때에는 과거에는 느끼지 못했던 더 많은 의미를 깨달을 수 있다. 언제나 의식이 머무는 곳에 에너지가 머무르게 마련이다. 좋은 곳에 머물면 긍정적이고 활기찬 기운이 자신을 지배할 것이며, 어둡고 나쁜 곳에 머물면 계속해서 침체되고 우울한 기운이 자신을 덮친다. 그런 점에서 이 책을 여러분 가까운 곳에 두고 자주 읽고 필사한다면, 삶의 나침반이자 무게중심이 되어 줄 것이다.

흐르는 강물처럼, 강은미

**어제보다 아름다운
오늘을 살아라**

1판 1쇄 펴낸날 2025년 8월 11일

지은이 강은미
펴낸이 나성원
펴낸곳 나비의활주로

책임편집 김정웅
디자인 BIG WAVE

전화 070-7643-7272
팩스 02-6499-0595
전자우편 butterflyrun@naver.com
출판등록 제2010-000138호
상표등록 제40-1362154호
ISBN 979-11-93110-70-6 03320

※ 이 책은 저작권법에 따라 보호받는 저작물이므로 무단 전제와 무단 복제를 금지하며,
   이 책의 내용을 전부 또는 일부를 이용하려면 반드시 저작권자와 도서출판 나비의활주로의
   서면 동의를 받아야 합니다.
※ 책값은 뒤표지에 있습니다.
※ 잘못된 책은 구입하신 곳에서 바꾸어드립니다.